# MUT *machen*

## ODER

# MIES *machen*?

## DIE KUNST DES DENKENS

**Text und Zeichnungen:**
*Toni Pizzecco*
**Bearbeitung:**
*Gabriele Janssen*
*Gerhard Schauer*
*Brigitte Matt*
*Rosemarie Zelger*
*Peter Pramstaller*
*Wolfgang Wielander*

2005 – Rechte liegen beim Autor
Vierte Auflage – Dezember 2005
(Erste Auflage – Oktober 2005)

**Herausgeber:**
Ferrari-Auer GmbH
Verlag Athesia Spectrum
Lauben 41, 39100 Bozen
Telefon +39/0471 92 72 27
Fax +39/0471 92 72 26
E-Mail: spectrum@athesia.it
Internet: www.athesia.it/spectrum

**Grafik:** *Verena Huber*
**Druck:** *Athesiadruck, Bozen*
**ISBN:** *88-6011-032-7*

Dr. med. Toni Pizzecco

# MUT *machen*
## ODER
# MIES *machen* ?

## DIE KUNST DES DENKENS

**ATHESIA**SPECTRUM

Ich frage mich oft, ob alles Gute im Leben von oben kommt, oder ob wir Menschen hier unten auch ein bisschen dazu beitragen können.

Wenn die Wahrheit wie immer in der Mitte liegt und jeder von uns ein wenig an seinem Schicksal und an seinem Ich mitbasteln darf, so heißt das, dass Gott uns ein Fahrrad geschenkt hat und dass wir Menschen darauf treten dürfen, damit es fährt. Und von unserem Treten hängt vieles in unserem Leben ab!

Ich habe von Gott ein schönes Fahrrad mit vielen Gängen und Übersetzungen bekommen. Mit diesem Fahrrad bin ich schon weit gefahren und habe viele Höhen und Tiefen überwunden. Wie viel Kraft ich oft gebraucht habe, um die großen Steigungen zu überwinden, das habe ich mittlerweile schon wieder vergessen. Zurzeit radle ich in gutem Tempo dahin. Ich bin 52, gesund, habe den schönsten Beruf der Welt, eine Frau, die zu mir steht, und zwei gesunde Kinder, die Bewegung in mein Leben bringen. Wenn ich von mir erzählen müsste, so würden mir die vielen Abenteuer, die ich mit Begeisterung erleben durfte, schneller einfallen, als die dunklen Momente meines Daseins.

Ich hatte das Glück, als Arzt auf fast allen Kontinenten dieser Welt arbeiten zu dürfen und vielen, sehr verschiedenen Menschen zu begegnen. So traf ich scheue Buschmenschen in Ostafrika, aggressive Favela-Bewohner in Rio de Janeiro, demütige Slumfamilien in Kalkutta, illegale Einwanderer aus Mexiko und überhebliche Ultrareiche in Hollywood. Viele von ihnen nahmen meine Hilfe in Anspruch.

Heute füllen stramme Tiroler und einfache Italiener täglich meine Praxis. Ich sehe dreißig bis vierzig Patienten pro Tag, manchmal sind es sogar noch viel mehr. Da bekomme ich so manches zu sehen und zu hören, vom Hühnerauge bis zur Herzrhythmusstörung, vom Muskelriss bis zum Magengeschwür, vom Hauttumor bis zur Gallenkolik, von der Schnittwunde bis zur Mandelentzündung, von der Migräne bis zur Depression. Oft weiß ich gar nicht mehr, welches mein Fachgebiet als Mediziner ist.

Das Leid hat viele Gesichter. So viele, dass die Medizinbücher auch nicht mehr ausreichen, um alles unter einen Hut zu bekommen. Die Vielfalt der Symptome ist groß. Am vielfältigsten ist aber der Mensch selbst, der in seinem komplexen „Ökosystem" Körper immer wieder neue Wundpunkte aufweist.

Als Arzt braucht es viel Einfühlungsvermögen, Geduld und Kreativität, um aus dem Mosaik der Beschwerden ein klares Bild herauszufiltern und dem Patienten eine entsprechende Hilfe zukommen zu lassen. Da zählt oft die Intuition mehr als das Wissen, das Menschsein mehr als das Arztsein.

Manchmal kommt es mir so vor, als würde ich auf einem Floß dahintreiben, auf der Suche nach einem Anhaltspunkt im unendlichen Meer des komplexen Wissens und des Nicht-Wissens der modernen Medizin.

„Panta rhei", das heißt „alles fließt" – auch nach 25 Jahren Beruf.

Dennoch habe ich nach all diesen Jahren meiner medizinischen Tätigkeit rund um das Problem Krankheit einige wesentliche Grundkonzepte erkannt.

Obwohl Menschen so verschiedenartig und deren Krankheitssymptome, die mir täglich in der Praxis präsentiert werden, so vielfältig sind, verbirgt sich der „Auslöser dieses Übels", die „Ursache des Leidens" bei fast allen Menschen am selben Ort. Sie trägt verschiedene Namen: Gedanken, Denkart, Gehirn, Einstellung, Durchblick, Einsicht oder Gefühl, Seele, mind, mente, mens.

Welche dieser Bezeichnungen nun zutrifft, spielt keine Rolle, wenn wir bedenken, dass es nicht einmal einen präzisen Begriff für dieses wichtige „Organ des Denkens" gibt, wie ich es mir zu bezeichnen erlaube.

Ist dieses Organ unbekannt oder wird es vielleicht einfach nur von uns Ärzten vernachlässigt und ignoriert? Warum wird in der Medizin seit einem Jahrhundert alles bis auf das letzte Molekül durchstudiert, aber wenn es um das „Organ des Denkens" geht, stehen wir alle als Laien und Nichtwissende da? Ist wirklich alles, was sich um das menschliche Gehirn dreht, so mysteriös und unerreichbar?

Ich glaube, wir sollten wenigstens einen Versuch unternehmen, um dieses verborgene und komplexe „Organ des Denkens" zu enthüllen.

Daher wage ich es in diesem Buch, zusammen mit Ihnen, liebe Leser, der Kunst des Denkens und der Gedankenformulierung nachzugehen.

Ich möchte analysieren, wie dieses Denken in mir und in Ihnen abläuft, wie wir es steuern oder wie es uns lenkt, wie es uns Lebensenergie und Begeisterung gibt oder nimmt, wie es unsere Augen zum Leuchten oder zum Weinen bringt, wie es uns Nächte schenkt oder Nächte raubt, wie es uns Löcher in den Magen bohrt oder diese wieder zuheilt, wie es uns todkrank macht oder uns von einer schweren Krankheit heilt.

*Herbst 2005*                                     *Dr. Toni Pizzecco*

Inhalt

Für Gaby, die es mit Liebe erträgt,
die Frau eines Arztes zu sein.

Für meine Patienten, die mich täglich
an die Grenzen des Körpers
und an die Unendlichkeit der Seele erinnern.

# ∎ Das Problem

> *There must be some way out of here*
> *Said the joker to the thief*
> *There's too much confusion*
> *I can get no relief*     Bob Dylan   *All along the Watchtower*

> Es muss irgendeinen Ausweg geben,
> sagte der Hofnarr zum Räuber.
> Es herrscht ein zu großes Durcheinander.
> Ich schaffe es nicht, zur Ruhe zu kommen.

## ∎ Eine kurze Geschichte

Herr Peter Schwarz ist guter Laune, ja fast glücklich, vor fünf Sekunden hat er seine Augen geöffnet und erwacht in dieser Welt, in seiner Welt. „Es gibt Nächte, in denen man einfach gut schläft", denkt er. „Man wacht auf und fühlt sich wie ein Löwe! Eine solche habe ich soeben gehabt."

Mit einem Lächeln auf den Lippen erfreut er sich am frühen Sonnenstrahl, der quer durch sein Schlafzimmer scheint. Ein herrlicher Tag, noch dazu ist es Frühling, die Jahreszeit, die ihn am meisten fasziniert und die er liebt. In seinen Jugendjahren war er von seinen Freunden des Öfteren als Frühlingskind bezeichnet worden. An diesem Tag fühlt er es wieder in sich, dieses Frühlingskind, dieses unerklärliche und seltene Gefühl des Glücklichseins.

„Raus aus dem Bett", denkt er. „Es ist ja noch früh und meine Frau schläft noch, da gehe ich zum Duschen am besten in das Gästebad … oh, freue ich mich, ich kann in Ruhe meine Morgendusche genießen … zuerst heiß, dann kurz eiskalt, und ich fühle ich mich wieder so richtig fit! Der beste Weg, einen Tag gut zu beginnen …!"

Zufrieden und rasch wie eine Raubkatze will er zur Schlafzimmertür hinausschleichen, doch da fällt sein Blick auf die Aktentasche. „Was macht die denn hier?"

Da erinnert er sich! „Gestern war ein furchtbarer Tag!" Im Büro hat schon gar nichts geklappt. Mit seinem Partner hat er eine lange Auseinandersetzung gehabt. Obendrein hat sich seine Sekretärin krank gemeldet, nicht die üblichen drei Tage – nein, drei Wochen! Scheinbar war sie nervlich überlastet, so hat sie es zumindest am Telefon erklärt. Außerdem hat sie ihn deutlich spüren lassen, dass er schuld am Ganzen sei.

„Wie werde ich heute bloß ganz allein über die Runden kommen?" Plötzlich fällt ihm ein, dass es Dienstag war, der 21., sein Abrechnungstag. Bis zum Abend mussten zwei volle Akten überarbeitet und durchgerechnet sein. Durchgerechnet und abgegeben, wie schrecklich! Er nimmt seine Aktentasche vom Tisch und schleicht zur Tür hinaus.

„Verdammt, vor dreißig Sekunden war ich noch ein glücklicher Mensch! Und jetzt? … Diese Sekretärin …"

Er taumelt hinunter ins Gästebad, die Aktentasche unterm Arm. Die Aktentasche? Es ist ihm immer noch nicht klar, warum sich diese im Schlafzimmer befand. Ein kalter Schauer läuft ihm plötzlich über seinen Rücken. „Ich hätte ja gestern noch den Kostenvoranschlag des Hydraulikers durchschauen sollen." Vor zwei Tagen hatte es diesen Rohrbruch im Dachboden gegeben, bei welchem das Kinderzimmer überschwemmt wurde.

„Arme Kinder! Sie mussten die Nacht im Wohnzimmer verbringen und auf der Couch schlafen." Der Rohrbruch war schlimm gewesen, ein Beweis dafür, dass die Rohre der ganzen Wohnung, die er erst vor kurzem abgezahlt hatte, brüchig waren. Und daher der dringende Kostenvoranschlag dieses unsympathischen Hydraulikers. Er hatte ihn anflehen müssen, herzukommen, um den Schaden zu begutachten.

„Scheißhandwerker, die haben nie für etwas Zeit! Früher war das anders! Es geht ihnen jetzt wohl zu gut!"

Er schwankt mit seiner Aktentasche in das Gästebad. Im Spiegel sieht er sein Gesicht. „Schau dir das an – mit der Aktentasche ins Bad – und das in aller Herrgottsfrühe! Ich bin einfach dumm … und wie ich nur aussehe im Spiegel, blass und alt, das ist ja furchtbar!"

Weg mit dieser Aktentasche und hinein unter die Dusche.
„Oh je, da kommt ja fast kein Wasser!" Jetzt erinnert er sich „Der Hydrauliker, dieser unsympathische Mensch, hatte ein Notventil eingeschraubt.

Es gibt also kein warmes Wasser und das kalte kommt auch nur tröpf-
chenweise, und das gerade heute!"

In seinem Kopf schwirrt es: „Sekretärin, Büro, Hydrauliker, Abrech-
nung, Kostenvoranschlag, Rohrbruch, Krankenstand, Aktentasche, wenig
Wasser, kaltes Wasser …" Raus aus der Dusche.

„Alles Schuld von diesem Hydrauliker mit seinem Kostenvoranschlag.
Mein Gott, ich denke zu viel!"

Sein Blick fällt auf das Radio am Waschtisch.

„Oh ja, meine Tochter badet immer mit eingeschaltetem Radio, mit diesen furchtbar lauten Tönen, dieser schrecklichen Techno-Musik!" Für ihn,
den alten Beatles-Fan, klingt sie wie eine Bohrmaschine. Er schaltet das
Radio an und während er seine eingefallenen Wangen rasiert, ertönen die
Morgennachrichten.

„Israel, Tel Aviv:
Ein neuer Selbstmordanschlag hat heute das Zentrum von Tel Aviv ver-
wüstet. Ein Selbstmord-Attentäter hat sich in einer Diskothek, in welcher
sich während der Tatzeit 200 Jugendliche aufhielten, in die Luft
gesprengt. 25 Jugendliche kamen dabei ums Leben."

„Furchtbar", denkt Herr Schwarz. „Das wird ja immer schlimmer dort
drüben!"

„Spanien:
Der Tanker Exxon Golfstream ist heute in der Nacht mit 25.000 Tonnen
Rohöl an Bord im Atlantik gesunken. Die Ölpest hat bereits die Küste
erreicht.

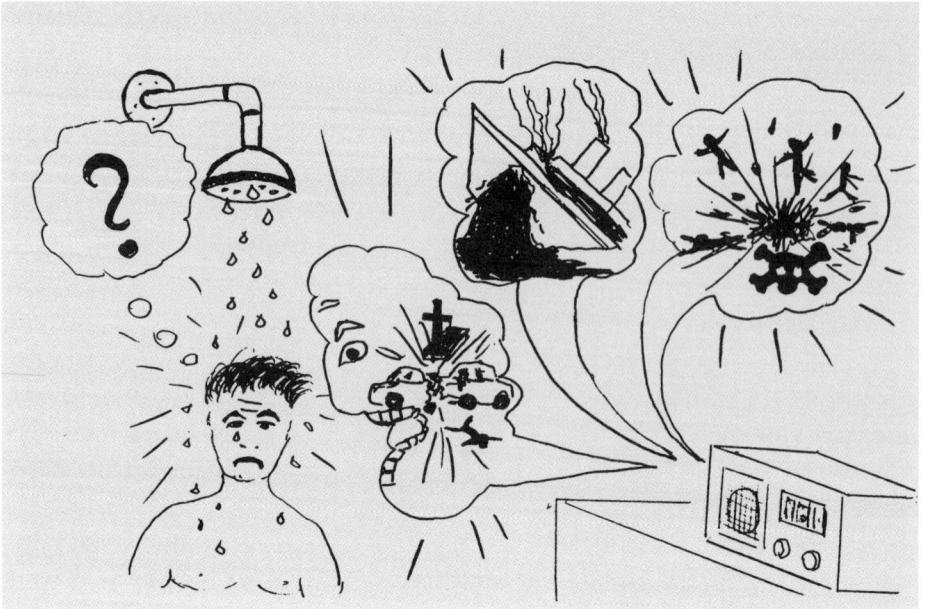

Italien, Turin: 3000 Entlassungen bei Fiat. Die Gewerkschaften kündigen einen Generalstreik an."

„Mit der Wirtschaft geht es nur noch bergabwärts", überlegt Herr Schwarz besorgt. „Wer weiß wie lange ich noch meinen Job haben werde?"

„Familientragödie in Wien: Ein Vater erschießt seine Frau, die beiden Kinder und begeht am Ende noch Selbstmord.

Lokale Nachrichten: Bei einem nächtlichen Autounfall auf der Pustertaler Staatsstraße kommen zwei Jugendliche ums Leben.

Wetterbericht: Am Wochenende wird es mit nur kurzen Aufhellungen vorwiegend regnen."

Herr Schwarz blickt traurig in den Spiegel und seine Stirnfalten werden immer tiefer. Ausgekühlt von der kurzen kalten Dusche, aber mit erhitztem Kopf schaltet er endlich dieses Radio aus.
Erschüttert überlegt er weiter: „Furchtbar, ich habe ja selbst zwei Kinder. Eines Tages werden auch sie mit ihren Freunden in die Disko fahren!"
Er trocknet sich noch schleunig ab und reibt mit beiden Händen seinen Kopf. „Vergiss es Peter", sagt er zu sich selbst. „Heute steht dir ein harter Tag bevor. Beeile dich, ansonsten kommst du zu spät zur Arbeit!" Er stolpert aus dem Bad.

Im Flur begegnet er dem müden Gesicht seiner Frau. Noch im Schlafrock, bringt sie ihm seine Kleider. „Nicht hinaufgehen, Sonja hat Fieber! Sie hat die ganze Nacht durchgehustet und ist erst vor kurzem eingeschlafen."

„Das ist die schlechte Luft wegen des Rohrbruchs", denkt Herr Schwarz.
„Du musst Hansi in die Schule bringen", sagt seine Frau. „Es ist schon
spät."
„Jetzt auch das noch! Gerade heute, wo ich doch einen so schwierigen
Tag vor mir habe", murmelt er vor sich hin.

Jetzt geht die Hektik erst so richtig los. Runter mit dem Kaffee, den
seine Frau Monika noch schnell für ihn gemacht hat.
„Isst du heute nichts zum Frühstück?", fragt sie ihn vorwurfsvoll.
„Nein, mein Magen ist wie zugeschnürt, ich bringe einfach nichts runter!"

Die Aktentasche in der einen Hand, nimmt er Hansi an die andere. An
diesem Morgen hat sein kleiner Junge nicht einmal ein Bussi vom Papi
bekommen. Hinaus bei der Tür, hinunter in die Garage, hinein in das Auto,
hinaus aus der Garage!

Der Sonnenstrahl, der ihn vor kurzem noch in seinem Schlafzimmer erwärmt
hat, scheint jetzt auf sein Lenkrad. Herr Schwarz sieht und spürt ihn nicht.
Er fühlt sich höchstens unangenehm geblendet.
„Sonnenbrille auf, Scheißlicht und die Scheibe ist obendrein auch noch
schmutzig!"

Und während ein herrlicher Frühlingsmorgen den Himmel prächtig färbt,
starrt Herr Schwarz vor sich auf die Straße.
Herrlich blühende Akazien und Glyzinien säumen die Allee, die er ent-
langfährt.

Aber er sieht es nicht, dieses Blumenmeer. Er sieht nur den Stau, den üblichen Autostau, durch den er sich jeden Morgen durchkämpfen muss, und er flucht. Er denkt an die Sekretärin, an die Abrechnungen, an die Meetings, an den Selbstmordanschlag in Tel Aviv, an die Ölpest im Atlantik, an den Unfall im Pustertal und hört gar nicht die sanfte Stimme seines Sohnes, die ihm erzählt, dass er im Werkunterricht sein erstes Flugzeug gebastelt hat, das er ihm, seinem Papi, schenken möchte.

„Ja, ja", murmelt er vor sich hin. Er hört sein Hansilein nicht. Während im Autoradio die schlechten Wirtschaftsprognosen für das kommende Quartal ertönen, rutschen das Flugzeug des kleinen Hansi und dessen sanfte Stimme immer weiter vom Papi weg.

Weit weg! Genauso weit, wie der Sonnenstrahl, der ihn immer noch blendet, wie der Frühling, sein Frühling, der Frühling des Herrn Peter Schwarz, des fröhlichen und glücklichen Frühlingsmenschen, der vor knapp einer Stunde noch mit einem Lächeln auf den Lippen erwacht ist.


### ■Kommentar zu dieser Geschichte

Dies war der erste Teil der Geschichte des Herrn Peter Schwarz.
Es könnte aber auch die Geschichte des Herrn Giorgio Rossi in Genua, des Herrn Harry Smith in New York, des Herrn Raschaischanka in Neudelhi oder des Herrn Raul Cortez in Montevideo sein.

Es könnte genauso auch meine Geschichte sein, oder vielleicht sogar Ihre?

Wichtig ist nicht, wessen Geschichte es ist oder wo sich diese Geschichte des Herrn „Jedermann" abspielt. Uns interessiert viel mehr, wie sie abläuft. Und so möchte ich gleich einige Fragen in den Raum stellen:

Wie ist es möglich, dass ein Mensch, der am Morgen glücklich und zufrieden erwacht, sich nach einer Stunde in einem vollkommen entgegengesetzten Gemütszustand befindet, und zwar ohne dass sich in seiner Außenwelt irgendetwas wirklich verändert hätte?
Wie kann man sich die gute Laune ohne jegliches Einwirken von außen, nur durch sein eigenes Denken derart vermiesen?

Diese Fragen mögen vielleicht banal und oberflächlich klingen, aber vielleicht sind sie das gar nicht. Wenigstens nicht für den armen Herrn Peter Schwarz, der zur Zeit im Stau steckt, todunglücklich ist, wieder einmal einem furchtbaren Tag entgegensteuert und sich fragt, **warum er alles falsch macht.**

## ■Weltproblem Gedankenlabyrinth

Wie viele „Peter Schwarz" gibt es zeitgleich auf der ganzen Welt? Sind es nicht jeden Morgen Millionen von Menschen, die sich zwischen Los Angeles und Bombay, Rio de Janeiro und Köln durch den Verkehr quälen und eingeschlossen in ihren Autos stundenlang dieses Gedanken-Pingpong spielen. Sie sitzen, wie Herr Schwarz, hinter dem Lenkrad, fahren ihren Wagen und denken dabei an etwas ganz anderes. Der Körper lenkt das Auto, der Kopf aber ist meilenweit davon entfernt, denn die meist zermürbenden Gedanken irren durch ein geradezu auswegloses Labyrinth.

Neuesten Statistiken zufolge verbringt ein Amerikaner durchschnittlich ein Viertel seines aktiven Lebens im Auto, und das meistens allein, oder besser gesagt, allein mit seinen Gedanken.

**Allein mit seinen Gedanken!** Dies ist ein Zustand, den mittlerweile jeder von uns kennt. Beabsichtigt oder nicht, sind wir trotz wachsender Weltbevölkerung immer öfter allein mit uns selbst, häufig eingesperrt im Auto, zwischen den eigenen Hauswänden, vor dem Fernseher oder vor dem Computer.

Allein, mit den eigenen Gedanken, sind wir manchmal auch bei der täglichen Routine unseres Berufes, während wir unkonzentriert immer wieder dieselben Arbeiten erledigen oder während wir vollkommen abwesend einem Kollegen bei seinen Erzählungen zuhören.

Ob bewusst oder unbewusst, ob mit dem Kopf bei der Sache, oder in den Wolken, hat der postmoderne Mensch ein neues Hobby gefunden, dem er täglich immer mehr Stunden widmet. **Das Hobby heißt „Denken".**

Die Tendenz, diesem Hobby nachzugehen, ist stark im Steigen. Die Gedanken wandern in alle Himmelsrichtungen: von der Vergangenheit in die Zukunft, von alten Erinnerungen zu neuen Wünschen, von der eigenen Gesundheit zur Krankheit, von der Weltpolitik zum Einkaufszettel, von der Geschichte zur Philosophie, von der täglichen Welt zum Kosmos. Bunt gemischt zieht alles durch unseren Kopf, während der Körper so nebenbei dahinlebt.

Diese vielen Stunden des Denkens, in die wir täglich immer mehr Zeit, Energie und Gesundheit investieren, sind für manchen von uns zu einem Problem geworden, dessen Bedeutung leider unterschätzt wird.

Keiner spricht darüber, über diese Gedankenwelt, mit der wir täglich konfrontiert sind, ohne es oft überhaupt zu bemerken. Immer wieder behaupten wir: „Ich habe keine Zeit", weil alles so schnell geht und weil uns das kostbare Gut „Zeit" zwischen den Fingern zerrinnt. **Aber für unsere Gedanken haben wir immer mehr Zeit,** ungewollte Zeit, deren Wert und Bedeutung uns nicht genügend bewusst ist. Bewusst ist uns vielleicht auch nicht, dass wir unsere neue Rolle als „Denker", in die wir gezwungenermaßen immer tiefer hineinrutschen, erst einstudieren müssen, so wie jede andere Rolle im Leben auch.

Es heißt doch: „Jede Kunst muss erlernt sein!" Doch für das Denken, welches sicherlich zur höchsten Kunst des menschlichen Daseins gezählt werden kann, gilt diese Regel nicht. Die Kunst des Denkens erlernen wir nicht von unseren Eltern oder von Lehrern in herkömmlichen Schulen. Das Denken ist jedem frei überlassen, es gibt dafür keine Regeln und jeder ist von klein auf darin ein Autodidakt.

Wie oft hört man Eltern klagen: „… oh, wenn ich bloß wüsste, was im Kopf unserer Jugend vor sich geht?" Kinder werden in die Schule geschickt, um lesen, sprechen, schreiben und rechnen zu lernen. Jugendliche gehen in die Lehre, um einen Beruf zu erlernen. Wir lehren sie die Regeln des guten Benehmens, der Sitten und des gesellschaftlichen Zusammenlebens. Überall im Leben begegnen wir Regeln, welche dazu dienen sollten, dem Menschen seinen Alltag zu verbessern und zu erleichtern. **Doch im Umgang mit der eigenen Gedankenwelt wird der Mensch von klein auf allein gelassen. Das Denken wird dem Zufall überlassen.**

Dabei ist es leicht möglich, dass manch einer sich auf diesem Wege verirrt und anstatt Herr über seine Gedanken zu sein, zu deren Sklave wird.

Die moderne Welt macht es dem Menschen nicht einfach, eine Antwort auf die vielen Fragen zu finden, die aus seinem Inneren kommen.

Die Erfahrungen der Alten, die Lehren der Weisen, die Regeln der Ahnen, die Antworten der Religionen werden von der Hektik des Kommunikationszeitalters verschlungen. Gestresst und ausschließlich auf die Zukunft orientiert, verfolgen wir pausenlos die Welt der Technik und der Informatik.

Wir lassen uns von dieser endlosen Informationsflut im Sekundentempo mit Bildern berieseln und sie lässt uns keinen Augenblick mehr in Ruhe. Durch dieses ständige Bombardement mit Bildern werden uns hauptsächlich nur äußerliche Werte vermittelt. **Unsere innere Welt, unsere Gedanken und Gefühle sind ohnehin nur zweitrangig.**

Es regiert das Traumbild des schönen, starken, attraktiven, gesunden und glücklichen Menschen. Dieser Mensch nimmt jene Nahrungsmittel zu sich, die ihn kräftig und fit machen, er verwendet Cremen, die seine Haut jung und faltenfrei halten, er fährt das tolle Auto, das ihm die Glückseligkeit auf Erden beschert, er schluckt Vitaminpillen, um nie mehr zu erkranken, er ist gesund, stark, schön und selbstsicher.

In dieser heilen Welt der Bilder und des Bildschirms ist im Grunde alles ohne Fehler. Für menschliche Schwächen und Zweifel gibt es darin keinen Platz. Dargestellt werden nur die Perfektion und das Makellose. **Alles funktioniert mit der Formel 0 1 0, Schalter an – Schalter aus – Schalter an. Der Finger drückt eine Taste und löst jedes Problem.** Dabei wird es für viele von uns immer selbstverständlicher, dass selbst unser inneres Wohlbefinden, unsere Glückseligkeit auf Erden durch einen Druck auf die Taste herbeigerufen werden kann.

Herr Peter Schwarz sitzt jedoch, wie viele andere auch, immer noch in seinem Auto im Stau, hilflos und verärgert. Aus seinem Autoradio dröhnt die letzte Werbung für ein neues Getränk, das gesund macht und Optimismus erzeugt, sein „boardcomputer" zeigt ihm sogar den idealen Weg zum Büro, sein Handy übertönt mit SMS den leisen Gesang seines Sohnes, der zu spät in die Schule kommen wird. Aber der Gedankenwirbel in seinem Hirn lässt nicht nach, sein Kopfcomputer, die Festplatte des Denkens ist stecken geblieben. Und so wie es dem Herrn Schwarz ergeht, ergeht es auch vielen von uns. Warum?

Ist es nicht absurd, dass überall auf der Welt alles so perfekt computergesteuert abläuft, dass alle Computer rund um uns bis ins letzte Detail optimal funktionieren, doch dass wir Menschen, die das alles erfunden und konzipiert haben, immer konfuser dahinleben, dass unser Kopf immer schlechter funktioniert und dass die „Leitungen" unseres Gehirns sich immer mehr erhitzen. Die moderne Medizin bezeichnet dieses Phänomen der Überforderung unserer Gehirnbahnen als **„Burn out Syndrom"** oder als Syndrom des Ausbrennens.

Gerade jetzt, in einer Zeit, in welcher Computer unser Leben immer mehr steuern und alles leichter machen sollten, brennen wir selbst aus.

Es scheint so, als habe der Mensch des Technologie-Zeitalters seinen eigenen Computer, sein Gehirn nicht mehr unter Kontrolle. **Es wächst ihm selbst alles über den Kopf.** Wir verbringen einen Großteil unserer Tage und Nächte am Bildschirm, wir investieren Zeit und Geld in Computer-Schulungen und Weiterbildung, um die Herrschaft über diesen **„Harddisk"** zu erlangen, während unsere eigene Festplatte, der **„Gedanken-Disk",** dabei außer Kontrolle gerät.

Das Problem

Unser eigener und wichtigster Computer, der mit einer enormen Speicher-kapazität ausgestattet ist, der unser Leben steuern sollte, spielt mit uns Marionettentheater. Der Ausgang dieses Spiels kann manchmal ganz schön enttäuschend oder sogar katastrophal ausfallen, wie wir das bei Herrn Schwarz gesehen haben.

Hier stellt sich die große Frage: „Könnte das alles nicht anders ablau-fen und könnten wir unsere Festplatte im Gehirn nicht besser unter Kon-trolle bekommen?"

Auch wenn ich selbst kein Computer-Experte bin, glaube ich, dass es viel-leicht an der Zeit wäre, unseren „Smoothdisk", den „Gedanken-Disk", unseren „Bord-Computer" zu analysieren.

Gleich einem Medizinstudenten an der Uni, werden wir diese menschli-che Denkmaschine zunächst lokalisieren und deren **Anatomie** studieren. Dann werden wir diese Denkmaschine auseinander schrauben, um ihre Funktion und **Physiologie** zu erforschen. Schließlich werden wir uns mit den Fehlfunktionen, der **Pathologie,** auseinander setzen.

Zum Schluss werden wir im Kapitel **Therapie** versuchen, die richtigen Denk-Kanäle frei zu machen und die falschen zu blockieren.

Wenn Sie Lust dazu haben, lieber Leser, machen wir uns jetzt gemeinsam an die Arbeit – und Sie werden sehen, es macht auch Spaß!

# 2 Anatomie des Denkens: Wo denkt der Mensch?

> *Wenn ich wüsste,*
> *aus welcher Richtung die Gedanken kommen,*
> *würde ich in die andere gehen ..."*
> *Unbekannter*

## ■ Anatomie des Denkens

Wenn ein Mediziner ein menschliches Organ studiert, so geht es zunächst um die grundlegende Frage: Wo befindet sich dieses Organ?

In den klassischen Anatomiebüchern findet man keinen genauen Hinweis darauf, wo das „Organ des Denkens" anzusiedeln wäre.

In der Mythologie und in überlieferten Geschichten findet man einiges über die geistigen Fähigkeiten des Menschen und darüber, in welchen anatomischen Bereichen des Körpers diese zu finden wären. Solche Energiezentren waren demnach zwischen Herz und Kopf, Augen und Nieren zu lokalisieren.

Im Volksmund heißt es heute noch: „Denke nicht mit dem Herzen, sondern mit dem Verstand." Böse Frauen sagen über Männer, ihr Denken spiele sich in den tieferen Etagen des Körpers ab. Andere wiederum sagen, das Gehirn gewisser Leute befände sich unter deren Füßen oder sie hätten überhaupt kein Hirn. Es wird also viel darüber gesprochen, wo oder womit der Mensch denkt.

Im Großen und Ganzen ist man sich darüber einig, dass das Wissen, das Gedächtnis, das Sprachzentrum und vielleicht auch die Gefühle im Kopf, oder genauer noch, im Gehirn lokalisiert sind. Man spricht von der rechten Gehirnhälfte, welche für das Künstlerische, das Emotionelle zuständig ist, und von der linken Gehirnhälfte, in welcher das Rationelle angesiedelt ist.

**Dennoch ist bis zum heutigen Tag weder klar, in welchem Teil des Gehirns der Denkvorgang abläuft, noch, wie dieser Prozess zustande kommt.** Wir begnügen uns mit der Annahme, dass unser Denken irgendwo im Kopf stattfindet, und konzentrieren uns lieber auf den Ablauf dieses Denkprozesses. Wie läuft also unser Denken ab?

# 3 Physiologie des Denkens: Wie denkt der Mensch?

*Allen ist das Denken erlaubt,*
*vielen bleibt es erspart.*
Unbekannter

## ■ Das Denken und seine Physiologie
### Wie funktioniert das Organ des Denkens?

Wir gehen von der Annahme aus, dass das „Organ des Denkens" im Gehirn angesiedelt ist und dass dort alle unsere Gedanken formuliert werden.

Jetzt gehen wir einen Schritt weiter und beschäftigen uns mit der Frage, wie nun eigentlich dieses **Denk-Organ** funktioniert und wie der **Denk-Prozess** abläuft.

Wir betreten hier insofern Neuland, als die traditionelle Medizin diesen Denkvorgang noch nie genau beschrieben hat. Der Mensch hat zwar schon seit jeher versucht, dieser Sache nachzugehen, und es wurden zahlreiche Bücher über die verschiedenen Theorien des Denkens geschrieben. Weder Philosophen noch Theologen und Wissenschaftlern ist es jedoch gelungen, eine für jedermann verständliche und einfache Erklärung über den Ablauf des Denkens zu geben.

Daher wollen wir uns heute an dieses komplexe Argument heranwagen, um – ohne uns in komplizierte Theorien zu vertiefen oder biochemische Formeln zu entziffern – auf ganz einfache Weise die Dynamik des Denkens zu erklären, so wie sie bei uns allen täglich abläuft.

Dazu werde ich jetzt mit Ihnen, lieber Leser, ein einfaches Spiel versuchen.

**Spiel 1:**
1. Schließen Sie die Augen.
2. Mit geschlossenen Augen stellen Sie sich jetzt einen Apfel vor.
3. Öffnen Sie wieder Ihre Augen.

Was ist passiert? Haben Sie einen Apfel gesehen? Wie war er? Groß oder klein? Gelb oder grün? Ich zum Beispiel habe einen frisch gepflückten roten Apfel gesehen. Sollten Sie gar nichts gesehen haben, so ist das kein Problem. Versuchen Sie es noch einmal. Bei mehrmaligem Üben klappt es ganz bestimmt!

**Kommentar zu Spiel 1**

Was ist passiert?
1. Sie haben die Augen kurz geschlossen, um die Außenwelt auszublenden.
2. Sie haben durch das Wort Apfel, das ich Ihnen vorgegeben habe, in Ihrer Gedankenwelt einen Apfel visualisiert. Wie er ausgesehen hat, das ist gleich. Der Apfel war da, grün, rot, gelb, groß, klein, auf einem Apfelbaum, in einem Korb. Sie haben ihn gesehen.
3. Sie haben die Augen geöffnet und sind wieder zur Lektüre dieses Buches zurückgekehrt.

Diese kurze und einfache Übung war ein Beispiel dafür, wie unser Denken funktioniert. **Unser Denken funktioniert in Bildern.** Sie haben das Bild eines Apfels gesehen. Vielleicht hatte Ihr Bild einen Rahmen, vielleicht war es klar und scharf erkenntlich, vielleicht war es verschwommen und unscharf. Egal wie es war, auf jeden Fall haben Sie **ein Bild** dadurch konstruiert, dass Sie einen **Apfel** visualisiert haben.

Man könnte auch sagen, Sie haben sich den Begriff „Apfel" in Ihrer Gedankenwelt dadurch vorgestellt, dass Sie ihn auf eine innere Leinwand, eine Gedankenleinwand projiziert haben.

### ■Die innere Leinwand

Wir Menschen haben also die besondere Fähigkeit, unsere Gedanken auf eine innere Leinwand zu projizieren. **Auf dieser inneren, persönlichen Leinwand können wir jedes Konzept, jede Idee, jeden Gegenstand in Form von Bildern visualisieren.**
Wenn es Ihnen Spaß macht, können Sie dieses Spiel mit beliebigen anderen Bildern wiederholen. Versuchen Sie es einmal mit einer Orange, einer Traube oder einer Banane. Unser neu entdecktes Projektionszimmer sieht jetzt fast wie ein Obstladen aus. Machen wir gleich noch ein Spiel!

Spiel 2:
1. Sie schließen die Augen.
2. Stellen Sie sich einen Apfel und ein Segelboot vor.
3. Öffnen Sie wieder die Augen.

Was ist passiert? Haben Sie einen Apfel gesehen? Vielleicht auch ein Segelboot? Sicherlich haben Sie beides gesehen, zuerst das eine, dann das andere. Sollten Sie nichts gesehen haben, so nehmen Sie sich etwas mehr Zeit und versuchen das Ganze noch einmal.

**Kommentar zu Spiel 2**
Wenn Sie die beiden Konzepte Apfel und Segelboot gesehen haben, dann wird Ihnen vielleicht etwas aufgefallen sein: Ihr Projektor hat zuerst das Bild eines Apfels und dann jenes eines Segelbootes projiziert, also ein Bild nach dem anderen. Und dies ist die zweite Eigenschaft unserer Denk-Maschine. Das Denken funktioniert in Bildern, und zwar immer nur **mit einem Bild,** mit **einem Konzept nach dem anderen,** zuerst der Apfel, dann das Segelboot. Wenn wir also den Apfel und das Segelboot gleichzeitig auf ein Bild bekommen wollen, dann ist dies nur dadurch möglich, dass der Apfel zum Beispiel am Deck des Segelbootes liegt, oder dass auf dem Segel ein riesiger Apfel gezeichnet ist.

**Unser Denken funktioniert in Bildern, und zwar immer nur mit einem Bild oder mit einem einzigen Konzept nach dem anderen.**
Unser Gehirn kann also immer nur einen Bildinhalt nach dem anderen erfassen. **Wenn ich gleichzeitig an zwei verschiedene Dinge denken will, so ist dies nur durch eine Überlagerung oder Integration der Bilder möglich,** zum Beispiel dadurch, dass der Apfel auf dem Segel erscheint, oder dass ein kleines Boot auf einem riesigen Apfel sitzt.

Man könnte unser Gehirn eigentlich mit dem Atelier eines Künstlers vergleichen, der ständig neue Bilder malt, oder mit einem Projektionsraum, in welchem eine Reihe von verschiedenen Bildern **nacheinander** auf die Leinwand projiziert werden.

Jetzt kommen wir zu einem ganz besonderen Spiel!

**Spiel 3:**
1. Sie schließen die Augen.
2. Denken Sie jetzt: „Ich will den Apfel nicht sehen."
3. Öffnen Sie wieder die Augen.

Was ist passiert? Was haben Sie gesehen? War der Apfel dennoch wieder da? Vielleicht war er anders als in den vorhergehenden Spielen, er war vielleicht etwas kleiner und hatte eine andere Farbe, aber ein Apfel war wieder da, in Ihren Gedanken.

Der Befehl lautete aber, **keinen** Apfel zu sehen! Sie hätten eigentlich den Apfel nicht visualisieren sollen! Trotzdem hat Ihr Gehirn beim Befehl „Kein Apfel!", dennoch einen Apfel auf Ihre innere Leinwand projiziert, ob sie es wollten oder nicht!

**Kommentar zu Spiel 3**
Dieses Spiel war etwas komplizierter. Sie wollten den Apfel nicht sehen, und trotzdem war er da. Warum?
Unser Denken, unsere innere Projektionsmaschine **akzeptiert keine negativen Befehle!** Wenn Sie den Apfel tatsächlich nicht visualisieren wollen, so müssen Sie an etwas vollkommen anderes denken und sich einen anderen Gegenstand vorstellen, zum Beispiel eine Banane oder eine Traube. **Nur so können Sie das Bild des Apfels verdrängen.**

Unser Denken reagiert nicht auf negative Befehle! Es erfasst nur den formulierten Begriff und visualisiert diesen durch ein Bild, trotz der Aufforderung, dies nicht zu tun.

Die Bedeutung dieser Eigenart des Denkens werden wir im Laufe des Buches noch besser verstehen.

## ■Die drei Grundregeln des Denkens

Anhand von einfachen Spielen haben wir die ersten **drei Grundregeln** des Denkens aufgestellt.

Da diese so wichtig sind, will ich sie noch einmal zusammenfassen:

**Regel 1: Das Denken funktioniert in Bildern.**
**Regel 2: Das Denken erfolgt in einem Bild nach dem anderen.**
**Regel 3: Das Denken reagiert nicht auf negative Befehle.**

Diese drei Regeln sind die ersten Erkenntnisse auf unserer Reise durch die Kunst des menschlichen Denkens. Sie sind der Grundstein zum Verständnis unseres Denkmechanismus. Es mag einfach und banal klingen, aber **wir alle denken nur auf diese Art und Weise.**

Hoffentlich sind Ihnen diese drei praktischen Übungen gelungen. Ich habe Sie aufgefordert, dabei die Augen zu schließen, da mit geschlossenen Augen das Visualisieren leichter fällt. Sie können Ihre Augen aber auch offen halten; **im täglichen Leben denken wir alle meist mit offenen Augen.**

Skeptiker bitte ich, die letzten Seiten noch einmal durchzulesen und eventuell die drei Spiele zu wiederholen. Es lohnt sich, die Wahrheit dieser Grundregeln in uns selbst zu entdecken, bevor wir die Reise in unsere Gedankenwelt fortsetzen.

Bitte nicht einschlafen, es geht gleich weiter!!!

## ■ Die Gedankenbilder

Wir Menschen denken den ganzen Tag an irgendetwas und visualisieren dabei Bilder auf unserer inneren Leinwand.

Haben Sie sich schon überlegt, **wie viele solcher Bilder ein Durchschnittsmensch täglich auf seine Leinwand blendet?**

Diese Frage ist schwer zu beantworten.

Stellen Sie sich einmal unseren Urahnen, den **Homo erectus** vor, der vor zwei Millionen Jahren lebte. Sein Tag war mit nur wenigen Grundgedanken gefüllt: Schutz vor Hitze oder Kälte, Nahrungssuche, Jagd, Verteidigung vor Feinden oder wilden Tieren und Fortpflanzung. Sein ganzes Denken kreiste nur um ein Thema: **Überleben.**

Er war von Sonnenauf- bis Sonnenuntergang auf die Gefahren der Natur konzentriert, die überall auf ihn lauerten, die sein Überleben gefährdeten oder sogar sein Ende hätten bedeuten können. Er hatte nicht die Zeit, sich in komplizierte Gedanken zu vertiefen, denn damals begann der Feierabend nicht um 18 Uhr, und von freien Wochenenden und Urlauben konnte der Homo erectus nur träumen. **Er lebte in einer Zeit des Handelns und der Taten und nicht des weit verzweigten Denkens.**

Wenn wir nun also die Frage beantworten wollen, wie viele Gedankenbilder unser Vorfahre der Steinzeit täglich auf seine innere Leinwand projizierte, so wird die Antwort **„nur wenige Bilder"** lauten. **Vielleicht waren es 10 oder 20 Bilder,** welche sich im Laufe des Tages ständig wiederholten, Bilder der Angst vor wilden Tiere, der Jagd, der Nahrungssuche und der schützenden Unterkunft.

Das Hirn des Steinzeitmenschen musste mit nur wenigen Gedanken fertig werden. **Ein starker Körper** zählte viel mehr als ein aufnahmefähiges Gehirn. **Mit dem Denken allein hätte er in jener Zeit nicht überlebt.** Anhand von Ausgrabungen und Funden der Körper- und Schädelknochen dieser Steinzeitmenschen konnten Anthropologen den Körperbau des Homo erectus rekonstruieren: Der Schädel war im Vergleich zu jenem des Menschen von heute bedeutend kleiner, und die Gehirnmasse war um ein Drittel geringer.

## Die Entwicklung der Gehirnmasse

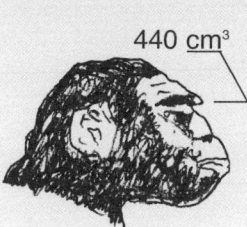

440 cm³

650 cm³

1000 cm³

**Australopithecus**
5 Mill. Jahre v. Chr.

**Homo abilis**
3 Mill. Jahre v. Chr.

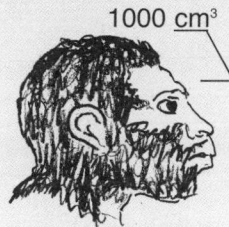

**Homo erectus**
1,5 Mill. Jahre v. Chr.

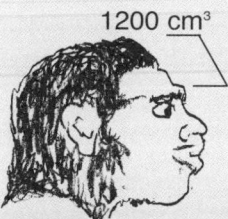

1200 cm³

1360 cm³

2000 cm³?

**Homo sapiens**
250.000 Jahre v. Chr.

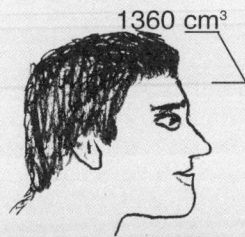

**Homo modernus**
2000 Jahre n. Chr.

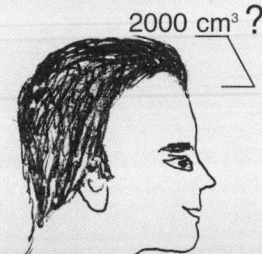

**Homo ultramodernus?**
3000 Jahre n. Chr.

Gehen wir in der Entwicklungsgeschichte weiter und machen einen Sprung von vielen Jahrtausenden, so gelangen wir zum **Menschen des Mittelalters.**

Dieser kannte bereits das Feuer und nutzte die Kraft des Wassers. Er betrieb Ackerbau und lebte in einem Haus. Er kannte die Jahreszeiten und plante seine Arbeit im Voraus. Den Großteil seines Tages verbrachte er auf dem Acker, auf welchem es nur galt, sich der strengen Arbeit und der Kontrolle durch die fürstliche Miliz zu beugen.

Es waren harte Zeiten, in denen der Leibeigene einen Teil seiner kleinen Einkünfte aus den Ernten dem Fürsten oder seinem Lehnsherrn als regelmäßige Abgabe entrichten musste. Auf seine Gesundheit war der Mensch damals besonders bedacht, denn es gab schlimme Krankheiten, die laut Aberglaube als Strafe Gottes galten, und wurde er von diesen befallen, so hatte er oft nur geringe Überlebenschancen.

Draußen im offenen Gelände musste er sich vor Räuberbanden in Acht nehmen, die für grausame Überfälle sorgten. Auch die Söldner der Fürsten waren unberechenbar.

Überall lauerten Gefahren, die seine Existenz bedrohten. Das Leben des Menschen hatte nur einen geringen Wert und war vom ständigen Kampf ums Überleben gekennzeichnet. Gedanken der Angst, Sorgen vor der Zukunft, Furcht vor Krankheiten belasteten sein Gemüt. Es waren noch nicht **allzu viele Gedanken,** denn dazu hatte er **keine Zeit.** Als Leibeigener musste er hauptsächlich schuften und leiden, für den Fürsten, den Lehnsherrn und für Gott.

Wie viele Gedankenbilder werden dem Menschen des Mittelalters an einem Tag durchschnittlich durch den Kopf gegangen sein? Sicherlich waren es mehr als jene seines Vorgängers, des Homo erectus vor zwei Millionen Jahren. **Vielleicht waren es 100 oder sogar 200 Bilder.** Je nachdem, wie der Tag des Menschen gestaltet war, hatte dieser mehr oder weniger Zeit zum Nachdenken.

Die Entwicklungsgeschichte des Menschen bringt uns schließlich in **die Neuzeit,** eine Epoche, in welcher plötzlich alles anders zu werden scheint. Nach dem düsteren Mittelalter hat der Mensch seinem Wissensdrang und seiner Sehnsucht nach der Ferne freien Lauf gelassen. Es begann das Zeitalter der Renaissance und der Aufklärung. Es gelang dem Menschen, die schweren Ketten des Aberglaubens abzuwerfen und sich von der bestrafenden Religion zu befreien.

Der Mensch wollte wachsen und begab sich auf die Suche nach etwas Neuem, Besserem und Höherem. Er entdeckte die Weite der Welt und die Unendlichkeit des Wissens. Er fuhr über Meere und erkannte, dass die Welt keine Scheibe, sondern eine Kugel war. Die Sonne wurde zum Zentrum des Universums erhoben. Der Mensch begann sich mit seinem „Ich" auseinander zu setzen und fand das Vertrauen zu sich selbst. Er wuchs über seine Ängste und über seinen Aberglauben hinaus. Neue Entdeckungen und Erfindungen prägten den Alltag dieser Zeit.

Der Mensch begann sein Leben zu vereinfachen, und sein täglicher Überlebenskampf gegen Natur und Umwelt ließ nach. Später erfand er Maschinen wie die Dampfmaschine und den Webstuhl, er erfand die Glühbirne und begann elektrischen Strom zu produzieren, er erfand das Radio und das Telefon. Sein Leben veränderte sich sprungartig und er wurde von den großen körperlichen Anstrengungen und von den physischen Schikanen befreit.

Die Maschine ersetzte die Muskelkraft, die harte Arbeit wurde durch Zahnräder und Hebel erleichtert. Für den Menschen begann eine neue Zeit, in welcher die Maschine die menschliche Arbeitskraft ersetzte. **Der Mensch konnte endlich aufatmen und sich entspannen.**

Diese neue Zeit brachte nicht nur eine Wende innerhalb der Arbeitswelt. Auch die Palette der menschlichen Gedanken veränderte sich grundlegend. Durch die verminderte körperliche Anstrengung brauchte der Homo modernus nicht mehr zu schwitzen und unter den schweren Lasten zu stöhnen. **Er hatte plötzlich Zeit für seine Gedanken.** Die Maschine hatte das Leben des Menschen verändert: **befreit vom Schwitzen, verurteilt zum Denken!**

Das war die Wende! **Der Mensch der Neuzeit entwickelte sich zum Denker.** Während er stundenlang vor einer Maschine immer dieselben repetitiven Bewegungen und monotonen Arbeitsabläufe ausführte, während er entspannt in einem von der Dampfmaschine angetriebenen Zugwaggon sitzen konnte, anstatt die vor den Wagen gespannten Pferden anzutreiben oder zu Fuß auf engen Pfaden zur nächsten Ortschaft zu laufen, hatte er auf einmal Zeit, seinen Gedanken nachzugehen und sich mit Gott und der Welt auseinander zu setzen.

Sein Visualisierungsvermögen stieg drastisch an und seine täglichen Gedankenbilder vermehrten sich mit zunehmender Geschwindigkeit. Wie viele es effektiv waren, ist schwer zu schätzen, vermutlich **doppelt** oder **dreimal** so viele wie beim Menschen des Mittelalters.
Im Laufe der Evolution hat sich das Denkvermögen des Menschen enorm entwickelt. Von der Steinzeit bis zur Industrialisierung ist die Zahl der Bilder, die der Mensch täglich visualisiert, ständig gestiegen.

Wie sieht es eigentlich **heute** bei uns, dem **postmodernen Menschen** des dritten Jahrtausends im Kopf so aus?
Versuchen wir doch selbst uns eine Antwort zu geben und die vielen Gedanken und Bilder zu zählen, die uns täglich durch den Kopf gehen!
Schließen Sie am besten gleich die Augen und analysieren Sie für eine Minute das Geschehen in Ihrem Kopf! Wie viele Bilder haben Sie gesehen? Schwer

zu sagen! Ich selbst habe ungefähr alle **acht Sekunden** ein anderes Bild gezählt. Manchmal konzentriere ich mich etwas länger auf ein Bild und versuche es festzuhalten. Es bleibt dann sogar 10 oder 20 Sekunden lang stehen. Andere Male aber, wenn mein Leben auf der Überholspur dahinrauscht, laufen die Bilder viel schneller ab. Wie ein wilder Affe, der von Baum zu Baum hüpft, springen die Gedanken fast im Sekundentakt im Kopf herum. **Die Psychologie spricht von durchschnittlich zehn Gedankenbildern pro Minute.**

Dies bedeutet, dass der moderne Mensch alle **sechs Sekunden** ein neues Bild registriert und es auf seine innere Leinwand projiziert. Wenn wir diese Zahl hochrechnen, so sehen wir **pro Stunde 600, pro Tag 9000 Bilder.**

Bedenken Sie nun einmal, über welch phantastische Maschinerie Sie in Ihrem Kopf verfügen! **9000 Bilder pro Tag!** Das ist die durchschnittliche Leistung Ihres eigenen Denkapparates. Ist dies nicht ein Wunder? Mit so einem Computer im Kopf gehen wir durch das Leben. 9000 Bilder pro Tag entsprechen **63.000 pro Woche, 252.000 pro Monat und über 3.000.000 Bildern pro Jahr.** Ich glaube, wir brauchen hier nicht weiterzurechnen!

Wir arbeiten kontinuierlich an der Produktion dieser gigantischen Anzahl von Bildern, ohne uns dessen bewusst zu sein.

Nun kommen wir zur nächsten Frage: Was geschieht eigentlich mit all diesen Bildern?

### ◼Im Gehirn geht nichts verloren!

Der griechische Philosoph Aristoteles stellte bereits 300 vor Christus die „Theorie der Ideen" auf, in welcher er behauptete, dass das **einmal** Gedachte **für immer** bleibt.

„*Na und*", denkt Herr Peter Schwarz, „*was geht mich das an, was die Philosophen sagen? Wenn ich auch 9000 Mistgedanken pro Tag als Bilder visualisiere? Ich bin zurzeit gestresst und mein Hirn glüht. Ich erinnere mich kaum mehr, was ich vor einer Stunde im Kopf hatte, und bis zum Abend kommt noch vieles hinzu. Meistens weiß ich dann gar nicht mehr, was am Vormittag geschehen ist und was sich in meinem Kopf so alles abgespielt hat. All den blöden Gedanken nachzugehen, dazu habe ich keine Zeit. Morgen ist wieder ein neuer Tag und vielleicht sieht alles wieder anders aus.*"

Er könnte auch Recht haben, der Herr Schwarz. Doch auf die Frage, was mit den 9000 täglichen Bildern passiert, die er so achtlos und hektisch auf seine graue Leinwand geworfen hat, weiß Herr Schwarz natürlich keine Antwort. Sie interessiert ihn auch nicht!

Was passiert nun tatsächlich mit diesen Bildern, mit unserer Kunstmalerei oder mit unserer Kritzelei? Um diese Frage zu beantworten, müssen wir zurück in die Geschichte des späten 18. und 19. Jahrhunderts, in das Zeitalter der Industrialisierung. Wir haben bereits gesehen, dass durch die Erfindung verschiedener Maschinen der Alltag des Menschen einfacher wurde. Er begann etwas bequemer zu leben.

Obwohl die körperliche Belastung geringer wurde, erhöhte sich aber die psychische Last.

Der Mensch hatte mehr Zeit zum Denken, und dadurch kamen neue Probleme auf ihn zu. Er litt auf einmal an neuen Krankheiten wie Neurosen, Depressionen, Psychosen, also an Krankheiten der Psyche.

Diese neuen Verhaltensmuster und Krankheitsbilder bewegten plötzlich Anthropologen, Wissenschaftler, Ärzte und Philosophen dazu, sich mit dem unbekannten Bereich der menschlichen Psyche auseinander zu setzen. Es war die Geburtsstunde der modernen Psychologie und Psychiatrie.

Die Psychologie begann sich mit Gedanken, Erlebtem, Erinnerungen und Verdrängtem zu beschäftigen. Es entstand der Begriff des **Unterbewusstseins**. Der österreichische Arzt Sigmund Freud kam in seinen Studien über die Psyche zum Schluss, dass der Mensch über ein phantastisches **Speicherungssystem** mit einer enormen Kapazität verfüge, welches **alles festhält, was der Mensch bewusst erlebt und empfindet.**

Die erste große Erkenntnis der modernen Psychologie lautet also:
Nichts von dem, was bewusst erlebt wird, geht verloren! Alle Erfahrungen, Gedanken und Bilder, die der Mensch wahrnimmt, werden gespeichert.

Dies ist auch schon die Antwort auf die Frage, was mit unseren 9000 täglichen Bildern passiert. **Sie gehen nicht verloren, sie sind das Produkt unseres Denkens, ein „Promemoria" unseres täglichen Lebens, so wie wir es empfinden und verarbeiten.**

Nächste Frage: Wenn diese 9000 täglichen Bilder nicht verloren gehen, wo werden sie dann gespeichert?

## ■Die Zweiteilung unseres Gehirns:
## Wo werden unsere Bilder gespeichert?

Die Erkenntnisse von Sigmund Freud waren für die moderne Psychiatrie bahnbrechend. Er setzte sich mit der menschlichen Psyche auseinander und versuchte zu erklären, wie es dem Menschen möglich war, sich an gewisse Erlebnisse der Vergangenheit zu erinnern und diese nachzuempfinden.

Dazu unterteilte er das menschliche Gehirn in zwei Bereiche. Den einen Teil, der nur **20 Prozent** des gesamten Volumens beträgt, nannte er das **Bewusstsein,** die Zentrale des Denkens, des Analysierens und des Filtrierens. Mit dem Bewusstsein gestalten wir unsere Bilder. Die anderen **80 Prozent** unseres Gehirns, diesen unbekannten Teil, bezeichnete er als das **Unterbewusstsein.**

Laut Freud ist das Unterbewusstsein der große Speicher unseres Lebens. In diesem endlosen Behälter des Unterbewusstseins, welcher von Geburt an bis zur Gegenwart alles speichert, was wir erleben, befinden sich Millionen von Bildern, die wir visualisiert haben.

Wenn wir nun unser Gehirn mit einem Computer vergleichen, so entspricht der **bewusste Teil** des Gehirns der **Kommando-Zentrale,** die aus Tastatur, Mouse und Bildschirm besteht. Der **unterbewusste Teil** des Gehirns, unsere Speichereinheit, entspricht der **zentralen Festplatte,** auf welcher alle eingegebenen Informationen verarbeitet und gespeichert werden. Dort befindet sich **alles,** was wir einmal bewusst **erlebt, analysiert, gedacht, gemalt** und vielleicht auch schon leider wieder **vergessen** haben.

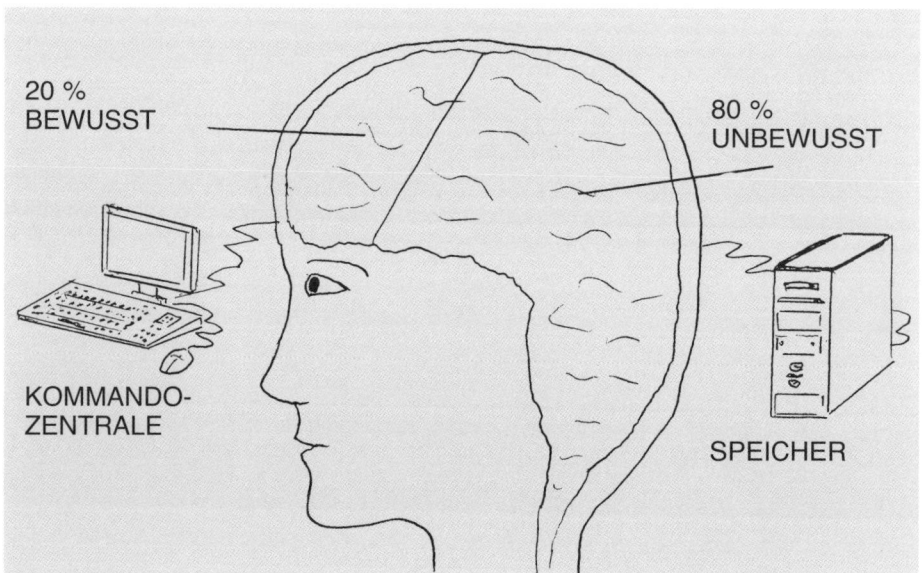

20 % BEWUSST

80 % UNBEWUSST

KOMMANDO-ZENTRALE

SPEICHER

Freud ging davon aus, dass das ungeborene Kind im Mutterleib bereits endofötale Erlebnisse während der Schwangerschaft speichert.

Ab dem Zeitpunkt der Geburt tritt dieser Speicherungsmechanismus erst so richtig in Kraft. Das Neugeborene sammelt Eindrücke und nimmt Emotionen wahr, es empfindet Wärme, Hunger und Durst.

Wer weiß, wie viele Bilder sich ein Neugeborenes einprägt, vielleicht sind es täglich nur drei oder vier Eindrücke.

Kinderpsychologen sprechen von einem sehr umfangreichen Wahrnehmungsvermögen im Kleinkind.

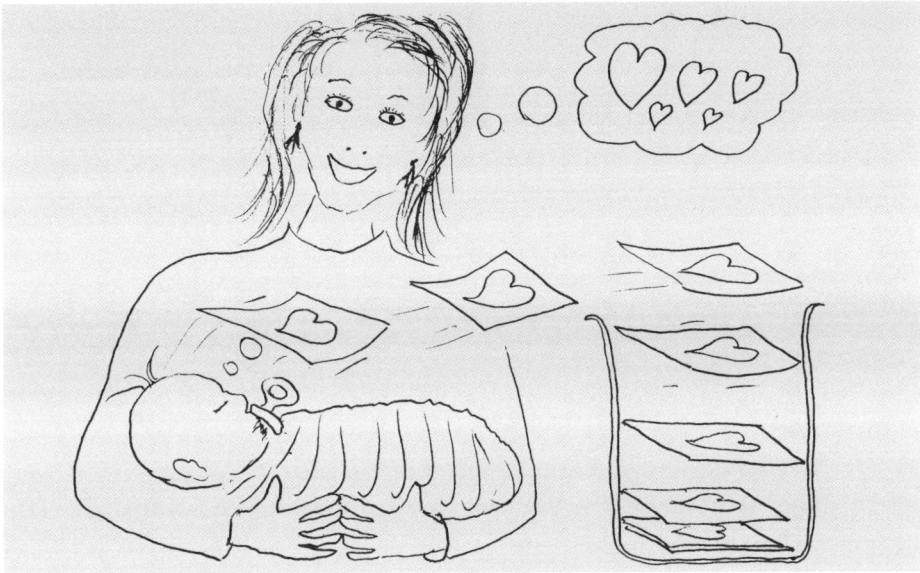

Wenn es auch nicht unendlich viele Gedanken sind, so sind es sicherlich intensive, gefühlvolle und prägende Bilder, besonders aufgrund der Tatsache, dass bei Kindern der Topf des Unterbewusstseins noch fast leer und aufnahmefähig ist. Daher auch der Ausdruck, Kinder seien eine „**Tabula rasa**" – eine leere Tafel – beziehungsweise ein unbeschriebenes Blatt.

Das Kleinkind denkt bereits mehr als das Neugeborene, das Schulkind denkt noch etwas mehr, und bis zum Erwachsenenalter füllt sich der Topf wie eine **geordnete Datenbank. In dieser spiegelt sich unser ganzes Leben wider,** unsere Gedanken- und Gefühlswelt, unser Leiden und unser Glücklichsein, **alles in Form von Bildern.**

## DER GEDANKENTOPF

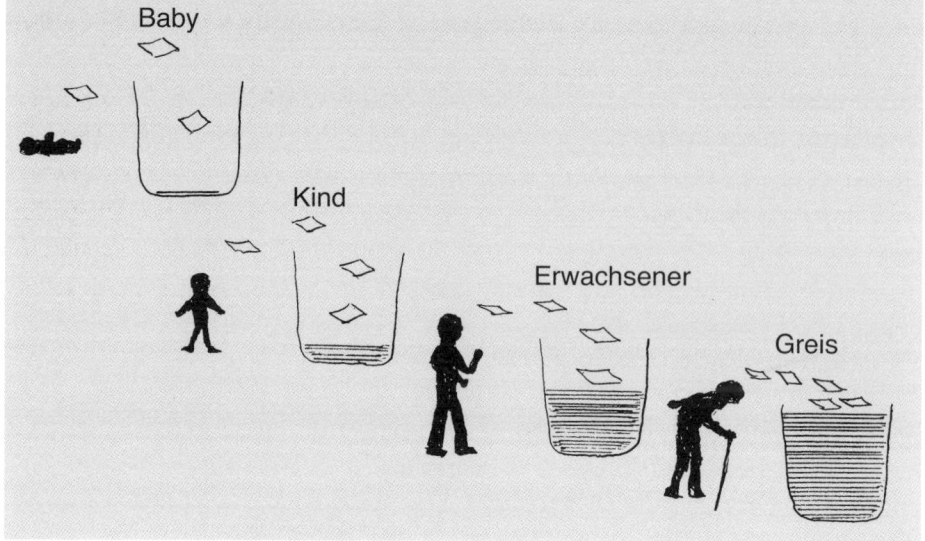

Die Bilder, die wir als letzte visualisiert haben, liegen an der **Oberfläche** des Topfes, jene der Vergangenheit liegen etwas **tiefer**. Je mehr Zeit vergeht, je mehr neue Gedanken formuliert und Erlebnisse gelebt werden, desto tiefer sinken die alten Bilder in die darunter liegenden Schichten ab. Dort bleiben sie **gespeichert** und können **weder abgeändert noch eliminiert werden**. In unserem Unterbewusstsein **verewigt, befinden sie sich außerhalb unserer Eingriffsmöglichkeit.**

Durch unser Erinnerungsvermögen können wir bereits abgelegte Bilder wieder hervorholen. Dadurch werden diese erneut visualisiert und verstärken sich in unserem Unterbewusstsein. Gewisse Erlebnisse oder Bilder können wir durch häufiges Revisualisieren **niemals mehr vergessen**. Der Großteil unserer visualisierten und im Topf des Unterbewusstseins abgelegten Bilder hingegen verschwindet für immer aus unserem Gedächtnis.

Wie tief und eigenartig ist nun dieser enorme Speichertopf, den wir Unterbewusstsein nennen?

## ■Das Unterbewusstsein, dieses unbekannte Wesen

Wer von uns glaubt von sich behaupten zu können, dass er sein Unterbewusstsein kennt?

*„Ich sicherlich nicht ... und ich will es auch nicht kennen lernen ... es interessiert mich überhaupt nicht!"*, denkt Herr Schwarz. *„Warum sollte mich dieses Unterbewusstsein interessieren? Auch wenn dort sämtliche Erinnerungen meines Lebens von Geburt an gespeichert sind, ist es für mich unwichtig. Was soll's, es ist doch alles unterbewusst, also kann ich damit nichts anfangen!"*, meint unser Herr Schwarz. Er könnte auch Recht haben.

Sigmund Freud geht aber davon aus, dass der Mensch nach seinem Unterbewusstsein lebt, welches seine täglichen Aktivitäten beeinflusst und steuert. Er geht sogar einen Schritt weiter, indem er behauptet: **Der Mensch ist sein Unterbewusstsein!** Sein ganzes Befinden, seine Laune, seine Kreativität, seine **psychische und physische Verfassung** werden von diesem brodelnden und scheinbar **unerreichbaren Topf** geprägt.

Dass Freud hiermit die Wahrheit gesprochen und die innere Welt jedes Einzelnen genau erfasst hat, wird ihm heute keiner mehr streitig machen. Der Mensch ist abhängig von seinem Gemüt. Wie Goethe es beschrieb, ist er an manchen Tagen „himmelhoch jauchzend", an anderen „zu Tode betrübt".

Wer von uns kennt sie nicht, die Momente des Lebens, in denen unsere innere Welt zu explodieren droht, die Tage, in denen wir uns nicht in der Hand haben und am liebsten für immer verschwinden würden, weil uns alles „auf die Nerven geht". Dieser Gemütszustand überkommt uns einfach ohne das Zutun unseres Willens.

Dies ist eigentlich das wahre Problem, welches wir unserem zweigeteilten Hirn zuschreiben können. Auch wenn wir alle nach Wohlbefinden und Glückseligkeit streben, auch wenn wir alles dafür geben würden, um täglich „happy" zu sein, so gelingt uns dies nicht. **Tief in uns verborgen gibt es etwas, das stärker ist als unser Wille und das uns so sehr in der Hand hat, dass wir die Kontrolle über uns selbst verlieren.**

Wir unternehmen alles Mögliche, um wieder Herr über uns selbst zu werden.

Wir versuchen es beim Arzt, beim Psychiater und beim Psychologen. Wir pilgern zu den neuen Medizinmännern, den Heilpraktikern, Pendlern, Pranotherapeuten oder sogar zu den Wahrsagern. Meistens bekommen wir irgendein Hilfsmittel und einen Trost. Im Ernstfall gibt es Beruhigungspillen, deren Funktion es ist, eine **dicke Mauer zwischen unserem Bewusst- und Unterbewusstsein zu errichten.**

Diese Mauer lässt die Signale von unserem Inneren nur in abgeschwächter Form an die Oberfläche dringen. So gelingt es uns für eine Weile aufzuatmen und unserer Gedankenwelt zu entrinnen.

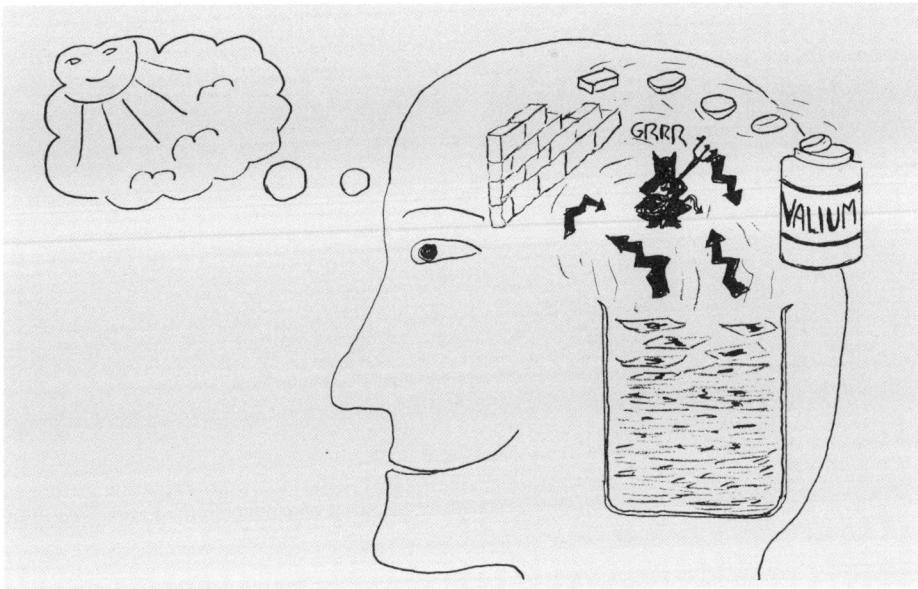

Einige Menschen versuchen sogar durch den Konsum von Drogen und Alkohol dasselbe zu erreichen.

Wir sind also unserem Unterbewusstsein mehr unterworfen als wir es glauben. **Es hält uns buchstäblich in seiner Hand!**

Herrn Schwarz können wir zu Recht antworten, dass, auch wenn **er** mit seinem Unterbewusstsein nichts anfangen kann, sein Unterbewusstsein aber sehr wohl **mit ihm** etwas anfangen kann! Es kann ihn nämlich genau zu dem machen, was er zurzeit ist: ein konfuser Wirrkopf, der sich mit seinen belastenden Gedanken durch den Tag quält.

Warum brummt es im Kopf des Herrn Schwarz? Warum werden wir alle manchmal von belastenden Gedanken gequält? Warum boomen die Praxen der Psychiater und der Psychologen? Warum sind die Beratungsstellen und die Entzugsanstalten für Alkoholabhängige und Drogensüchtige ständig überfüllt? Wie ist es möglich, dass Pharmakonzerne eine ständig steigende Nachfrage nach Schlafmitteln, Psychopharmaka, Beruhigungsmitteln und Antidepressiva verzeichnen?

Aus welchem Grund beklagen Krankenkassen die steigende Anzahl von Krankschreibungen wegen Asthenie, Schwächezustand, Nervenzusammenbruch und wegen Krankheiten der Gemütssphäre?

Liegt die Schuld nicht an diesem **„unbekannten Wesen"**, das in uns lebt und sich ständig bei uns meldet?

Inwieweit hat das Unterbewusstsein uns in seiner Hand? Wie stark wird unser Alltag von diesem Topf, den wir seit Lebensbeginn mit Bildern gefüllt haben, beeinflusst?

Diesen wichtigen Fragen werden wir im folgenden Kapitel nachgehen.

# 4 Pathologie
## Die Krankheit des Denkens

> *... e qualcosa rimane,*
> *tra le pagine chiare*
> *e le pagine scure ...*
> Francesco de Gregori, Rimmel

> ... und etwas bleibt zurück
> zwischen den hellen
> und den dunklen Seiten ...

### ■Das Unterbewusstsein und unsere Laune

Auf dieser Entdeckungsreise durch unsere Psyche haben wir also erkannt, dass es in unserem Inneren „Etwas" gibt, das eine große Macht auf unser Leben ausübt und unsere Lebensqualität entscheidend beeinflusst.

Dieses „Etwas", auch Unterbewusstsein genannt, ist nichts anderes als ein Topf, der täglich mit unseren Gedankenbildern angefüllt wird. **Die Summe dieser vielen tausend Bilder, die wir seit unserer Existenz im Mutterleib gespeichert haben, bestimmt den Zustand und die Verfassung unseres Unterbewusstseins.**

Wie ein Koch seine Suppe durch das ständige Hinzufügen von Zutaten und Gewürzen entweder verfeinern oder verderben kann, so können auch wir, durch das andauernde Ablagern von Eindrücken und Bildern, unser Gemüt und Unterbewusstsein entweder gut oder schlecht beeinflussen.

Einigen unserer Köche ist diese Suppe sehr gut gelungen. Man könnte fast sagen, es handelt sich hier um Gourmet-Köche. Bei anderen hingegen ist sie gerade noch genießbar, aber lange werden sie von ihr auch nicht leben können. Ganz schlecht ergeht es denen, die mit verdorbenen Zutaten ihre Suppe vollkommen verderben und ungenießbar machen.

Genauso steht es mit unserer Psyche, dem Unterbewusstsein: bereichern wir es mit freudigen und positiven Bildern, so ist es gesund und wirkt aufbauend, belasten wir es mit traurigen und negativen Eindrücken, so ist es krank und wirkt zerstörerisch.

*„Wie kann ich nun erfahren, ob mein Unterbewusstsein überhaupt noch gesund, oder ob es vielleicht zum Teil bereits erkrankt ist? Welche Auswirkungen hätte dies dann auf mein tägliches Leben?"*, fragt sich Herr Schwarz, der auf einmal Interesse an der Kochkunst zeigt.

## ■ Das Psychobarometer

Wie oft sagen wir, eine Person sei launisch, der Chef sei unerträglich, die Arbeitskollegin sei gut drauf, oder wir fragen uns, was dem Göttergatten schon wieder über die Leber gelaufen sei, ohne uns bewusst zu sein, dass diese Gemütsschwankungen den Zustand des Unterbewusstseins genau widerspiegeln. **Unsere psychische Verfassung wird in jedem Augenblick von unserem Unterbewusstsein geprägt:** entweder es gibt uns Freude und Sonnenschein oder es belastet uns und unsere Gedanken.

Was wir dabei ständig erleben, ist vielfältig und abwechslungsreich. Manchmal ist es für jeden von uns schwer, sich selbst zu verstehen. Darum hatte ich die Idee, ein so genanntes **Psychobarometer** zu entwickeln, an dem wir jederzeit unseren wahren Gemütszustand ablesen können. Jeder von uns kann sich selbst analysieren und eine Eigendiagnose stellen.

Wie fühlen Sie sich also jetzt, in diesem Moment? Wie fühlten Sie sich während des heutigen Tages? Wie fühlten Sie sich gestern?

Wenn Sie sich im oberen Teil der Skala einordnen können, so dürfen Sie sich ein Kompliment aussprechen. Sie haben bis jetzt gut gekocht und haben Ihr Gemüt in der Hand. Sie sind ein ausgeglichener und zufriedener Mensch, der sich trotz der kleineren oder größeren Unannehmlichkeiten immer noch auf der Sonnenseite des Lebens befindet.

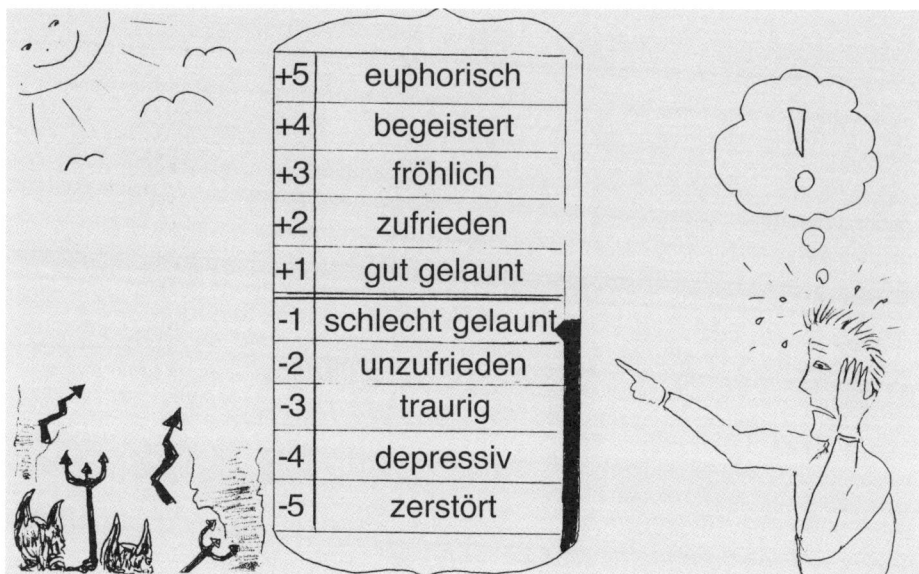

| +5 | euphorisch |
|----|------------|
| +4 | begeistert |
| +3 | fröhlich |
| +2 | zufrieden |
| +1 | gut gelaunt |
| -1 | schlecht gelaunt |
| -2 | unzufrieden |
| -3 | traurig |
| -4 | depressiv |
| -5 | zerstört |

Einige von uns werden sich vielleicht nicht im oberen Teil dieses Psycho-barometers wieder finden, sondern irgendwo ganz unten. Sie sind zwar müde, schlafen aber trotzdem schlecht und kommen mit ihren Gedanken nie zur Ruhe, sie sind oft traurig und haben negative Gedanken, sie sehen vieles mit trüben Gedanken und fühlen sich wie ein echtes Nervenbündel.

Sie malen also schwarz, kochen schlecht und es scheint, als ob die stark im Topf brodelnde Suppe auf sie zurückspucken würde!

Hier heißt es jetzt: „Aufgepasst!"

**Auch wenn wir uns durch aktives Denken ganz bewusst nur Fröhlich-keit und Freude wünschen, so tritt manchmal genau das Gegenteil ein.**

Wir sind hilflos diesem unglücklichen Zustand ausgeliefert. Warum? Wir wollen dies ja nicht!

Manchmal braucht es ein bisschen Geduld! Wir können unsere Welt nicht von einer Sekunde auf die andere wenden. Wäre der Mensch zu jeder Zeit in der Lage, über seinen Gemütszustand zu entscheiden und diesen zu dirigieren, so bestünde die Welt nur aus fröhlichen und lachenden Men-schen. Leider ist dem aber nicht so!

Unser Unterbewusstsein will es anders. Es ist der Herr im Hause, beschert uns täglich diese schwankenden Gemütszustände und lässt unser Psycho-barometer auf und ab schwanken.

„Schlimm", sagt Herr Schwarz. „Jeder von uns ist Sklave seines eigenen Computers, in den wir zwar selbst laufend neue Informationen eingeben, der aber am Ende mit uns macht, was er will!"

Ja, so ist es, lieber Leser!
**Das Unterbewusstsein macht mit unserer Psyche, was es will! Und nicht nur mit unserer Psyche. Der Körper ist sein nächstes Ziel.**

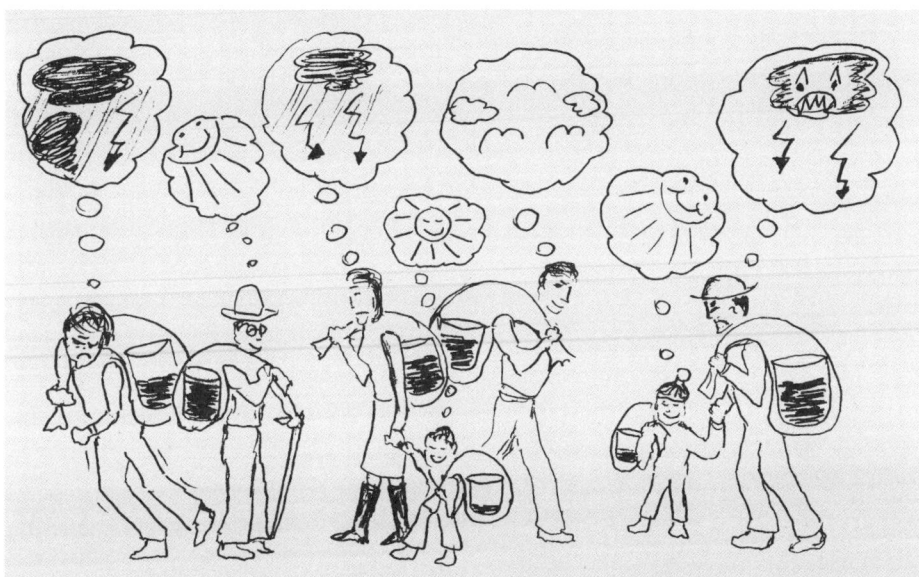

## ■Das Unterbewusstsein und unser Körper

Was ich in diesem Kapitel beschreibe, ist nicht sehr angenehm zu hören, und ich habe mich darum auch kurz gehalten. In wenigen Zeilen habe ich meine 25-jährige Erfahrung als Arzt zusammengefasst und die häufigsten Leiden der Menschheit beschrieben, die vom Unterbewusstsein, von der Psyche ausgelöst werden und unseren Körper befallen. Eigentlich hätte ich ein ganzes Buch darüber schreiben können, doch es gibt bereits genügend Literatur über Psychosomatik und Krankheiten, die mit unserer Psyche zusammenhängen.

Was das Unterbewusstsein unserer Psyche und unserem Gemüt antut, das haben wir bereits gehört. Das Psychobarometer gibt uns den Gemütszustand an, der das Resultat unserer „brodelnden Suppe" ist.

Leider greift unser Unterbewusstsein nicht nur unsere Psyche an, um uns wachzurütteln und um uns zu sagen, dass die Suppe anbrennt. **Es gibt auch einen zweiten Leidensweg,** den manche Menschen begehen müssen. Zahlreiche wissenschaftliche Studien belegen, dass Körper und Psyche eng miteinander verbunden sind und sich gegenseitig beeinflussen. Jeder von uns kann an sich selbst diese Zusammenhänge beobachten.

Wer kennt nicht das plötzliche Herzklopfen, wenn wir vor etwas Angst haben, oder den Schweißausbruch mit feuchten Händen, wenn wir aufgrund einer besonderen Situation aufgeregt und nervös sind. Wer kennt nicht das eigenartige Brummen im Bauch oder das fluchtartige Aufsuchen einer Toilette vor einer wichtigen Besprechung, das Kopfweh nach einer Auseinandersetzung mit dem Partner, die schlaflosen Nächte wegen eines Problems am Arbeitsplatz, das Lampenfieber vor einem Bühnenauftritt, das Reisefieber vor einem langen Flug?

Dies sind nur einige der häufigsten und harmlosesten Symptome, welche diese **Verbindung Körper–Seele** widerspiegeln.

„Mens sana in corpore sano", dies bedeutet „**Ein gesunder Geist braucht einen gesunden Körper**". Diese uralte Weisheit ist uns allen bekannt. Während es in früheren Tagen in erster Linie wichtig war, einen gesunden Körper zu haben, um denken zu können, so ist es vielleicht heute an der Zeit, diesen Spruch umzudrehen: „Corpus sanus in mente sana", gleichbedeutend mit „**Ein gesunder Körper braucht einen gesunden Geist**".

Gesundes Denken ist also ausschlaggebend für einen gesunden Körper. Heute, in einer Zeit der überwiegenden Kopflastigkeit, ist dies wichtiger denn je. Die düsteren Gemütszustände, die auf dem unteren Teil der Skala des Psychobarometers angesiedelt sind, wirken **unangenehm** für jeden von uns, auch wenn sie nur von kurzer Dauer sind, sie werden aber **belastend**, wenn sie für längere Zeit anhalten, und wirken **zerstörerisch,** wenn sie zu einem **Dauerzustand** werden. Unser Körper wird bei anhaltender psychischer Belastung in Mitleidenschaft gezogen. **Ein auf Dauer krankes Unterbewusstsein überschattet unser körperliches Wohlbefinden.**

Die folgenden Tabellen beschreiben auf vereinfachte und übersichtliche Weise, was im Körper des Menschen alles passieren kann, wenn das Unterbewusstsein für längere Zeit gestört ist. Diese physischen Veränderungen werden von der Medizin als **„Psychosomatische Erscheinungen"** bezeichnet. Ich erlaube mir, diese vielfältigen und kuriosen Symptome als „Bescherung unseres inneren Schweinehundes" zu bezeichnen.

**Von der Psyche verursachte körperliche Erscheinungen**

**Kurzfristiger Art:**    ERRÖTEN
ZITTERN
STOTTERN
KALTER SCHWEISSAUSBRUCH
NERVÖSE TICKS
SCHNELLERE ATMUNG
PLÖTZLICHE HEISSERKEIT
DRUCK AM HALS
TROCKENER MUND
HERZRASEN
BLUTDRUCKSCHWANKUNGEN
SCHWINDELGEFÜHLE
DURCHBLUTUNGSSTÖRUNGEN DER HÄNDE
MAGENKRÄMPFE
GANG ZUR TOILETTE

4

In dieser langen und dennoch unvollständigen Liste findet jeder von uns **ein Stück seines Ichs.** Wer von uns hat die Kontrolle über sein Herz, das plötzlich wie verrückt in der Brust klopft, wer kann seine zitternden Hände beruhigen oder wer kann das Erröten seines Gesichtes unterdrücken, wenn es auf einmal aus uns herausbricht?

Unser Körper überrascht uns des Öfteren mit diesen Symptomen. Sie sind zwar nur von kurzer Dauer, können aber dennoch unangenehm und peinlich sein, vor allem, weil wir in dem Augenblick nichts dagegen unternehmen können.

Die nächste Tabelle zeigt uns noch besser auf, wie sehr unser Körper vom Unterbewusstsein abhängig ist.

---

**Von der Psyche verursachte körperliche Erscheinungen**

**Langfristiger Art:**
SCHLAFLOSIGKEIT
SCHWÄCHEZUSTAND
APPETITLOSIGKEIT
FRESSSUCHT – MAGERSUCHT
ERHÖHTER BLUTDRUCK
HERZRHYTHMUSSTÖRUNGEN
TINNITUS – GEHÖRSTURZ
MIGRÄNE
NACKENVERSPANNUNG
VERSPANNUNG DER RÜCKENMUSKULATUR
GASTRITIS – MAGENGESCHWÜR
COLITIS SPASTICA – RECTOCOLITIS
ALLERGIEN – ASTHMA
HAUTEKZEM – URTICARIA
HAARAUSFALL – GRAUE HAARE
MENSTRUATIONSSTÖRUNGEN
IMPOTENZ – FRIGIDITÄT

---

Wie wir sehen, kann die Somatisierung, die Verkörperung des seelischen Leidens, **langfristig** zu ernsten organischen Schäden führen, die unseren Körper **für immer zeichnen.**
Unsere Psyche benützt uns also als Zielscheibe. Die Pfeile, mit denen sie schießt, sind vielfältig.
Uns Ärzten ist es bis heute unbekannt, warum Menschen in ähnlichen Situationen mit unterschiedlichen Symptomen an ihrem Körper reagieren. Die Antwort, die ich meinen Patienten dazu gebe, ist die, dass jeder Mensch ein „Ventil" und einen **Schwachpunkt** in seinem Körper hat, an welchem das Unterbewusstsein nagt und über welchen es sich bei ihm meldet.

Die Wissenschaft versucht seit Jahrzehnten die mysteriösen Wege der Psychosomatik zu erforschen. **Wie der eigentliche Angriff der Seele auf unseren Körper vor sich geht, ist noch unklar.** Häufig empfinden Menschen eine innere Unruhe, ein seelisches Leiden, welches sie einfach unterdrücken. Männern gelingt dies besonders gut, in letzter Zeit auch Frauen, die immer mehr der Rolle des starken Mannes nacheifern, oder diese effektiv auch übernehmen müssen. In der heutigen Welt darf man nur sehr selten eine Schwäche psychischer oder physischer Natur  zeigen. „Mir geht es gut, ich bin effizient, immer fröhlich und kann auf Kommando lächeln", versucht man sich selbst einzureden. Nach außen zeigen diese „starken" Leute nichts von ihrem brodelnden Topf. „Es geht nicht – man darf es ja nicht! Männer weinen nicht, Frauen bald auch nicht mehr!"

Nur den Kindern sagt man manchmal noch: „Weine nur, dann bekommst du schöne Augen", ohne sich einzugestehen, dass man selbst immer noch ein Kind sein möchte und dass auch beim Erwachsenen die Tränen, die nach außen fließen, die Augen zum Leuchten bringen, während die Tränen, die nach innen fließen, Löcher in den Magen graben.

So fließen in der Hektik des modernen Lebens immer weniger Tränen, welche die Augen zum Leuchten bringen. Dafür landen aber immer mehr Menschen beim Arzt.

Wir Mediziner haben es dann auch nicht leicht. Da gibt es Patienten, denen im ersten Moment nichts Besonderes zu fehlen scheint, und eigentlich wollten sie nur ein paar Pillen verschrieben bekommen, um gleich wieder aus der Praxis zu verschwinden.

Sie selbst bezeichnen sich als gar nicht krank. Dennoch erwähnen sie so ganz nebenbei ihre Magen-Darm-Probleme, ihre Verstopfungserscheinungen, sie sagen, dass das Herz manchmal sticht, dass sie in der Nacht aufwachen und Herzrhythmusstörungen verspüren, dass der Blutdruck schwankt, dass sie schwindlig und schwach sind, dass das Ohr so komisch rauscht, dass die Haut Ausschläge bekommt, dass der Kopf schmerzt und dass sie keinen Sexualtrieb mehr verspüren.

Wir Ärzte staunen oft sehr darüber, wie sich die Pathologien in den letzten Jahren verändert haben und wie häufig psychische Ursachen die wahren Auslöser von Krankheitszuständen sind. **Immer mehr zeigen sich auch im Körper die Wunden der Seele.** Und die Patienten leiden, sie haben Beschwerden an den verschiedensten Stellen ihres Körpers, vom Kopfweh bis zum Druck im Hals und an der Brust, vom Sodbrennen bis zum geblähten Bauch, von der Verstopfung bis zum chronischen Durchfall, von den Gelenksschmerzen bis zum starren Rücken. Die Ärzte untersuchen, machen die verschiedensten Kontrollen, vom Blutbild bis zum Ultraschall, vom Röntgenbild bis zur Magen-Darm-Spiegelung, vom Langzeit-Elektrokardiogramm bis zu den verschiedenen kardiologischen Belastungsproben.

Die Befunde sind glücklicherweise meistens negativ. Den Patienten wird mitgeteilt, sie seien gesund, ihr **Leiden** sei **stressbedingt** und käme wahrscheinlich von den Nerven.

*„Hurra!"*, ruft Herr Schwarz. *„Ich bin kerngesund, nur meine Nerven müssen in die Klinik ...!"*

## ◼Psychosomatik und Krankheit

Die nervlich bedingten Krankheitsbilder werden als psychosomatische Störungen bezeichnet. Die Medizin spricht im Anfangsstadium von **Spannungszustand, Störfeld, nervösem Herz, Magen und Darm,** da trotz zahlreicher Symptome noch keine organischen Schäden zu finden sind. Das heißt, der Mensch fühlt sich krank, auch wenn der Körper keine sichtbaren Zeichen einer Krankheit aufweisen kann. Wenn diese Spannungen aber zu einem anhaltenden Zustand und zu einem ständigen Begleiter unserer Tage werden, dann treten die ersten Gewebsschäden und die „wahren" Krankheiten auf: **Magengeschwür, Colitis ulcerosa, Angina Pectoris, Tinnitus, Gehörsturz und andere.**

Es beginnt also mit einem Leiden der Psyche, das sich mit der Zeit zu einer anatomisch erkennbaren Krankheit weiterentwickelt. Löcher entstehen zuerst in der Seele und dann im Gewebe.

Es gibt Studien darüber, dass psychosomatische Leiden die Ursache von Herzinfarkten und sonstigen schweren Erkrankungen sind. Andauernde seelische Belastungen werden laut wissenschaftlichen Studien sogar als Auslöser von Krebsleiden beschrieben. Dies sind also die „Geschenke" unseres Unterbewusstseins, die Folgen unserer Schwarzmalerei, die schöne Bescherung unseres „inneren Schweinehundes"!

**Alles dreht sich also immer wieder um unsere 9000 täglichen Bilder und um unseren Kochtopf, der zuerst die Seele, dann unseren Körper so tief und stark verletzen kann.**

*„Jetzt auch das noch, krank werden, zum Teufel mit dem Hirn ...!",* sagt Herr Peter Schwarz und legt sich gleich ins Bett.

## ■Der Weg in zwei Richtungen

Ist die einzige Lösung die, dass wir unseren Kopf unter dem Polster verstecken? Sind wir unserem Unterbewusstsein derart ausgeliefert, dass wir nur zuschauen können, was unser Heimcomputer aus uns macht?

Hier sind wir zwar am tiefsten Punkt dieser Schilderung angelangt, in der wir von Wunden, Löchern, Leiden und Krankheiten sprechen, aber ich erlaube mir nun eine Gegenfrage an Sie, lieber Leser, und an Herrn Schwarz zu stellen:

Wenn das Gehirn uns psychisch und physisch so stark und tief gehend verändern und verletzen kann, **hat es dann nicht auch umgekehrt die Fähigkeit, den eigenen Heilungsprozess in Gang zu setzen?**

Jetzt kommen wir endlich zum erfreulichen und konstruktiven Teil dieses Buches. Wenn Sie bis jetzt durchgehalten und diesen Prozess mit mir nachvollzogen haben, durch welchen die Psyche uns zu unglücklichen und kranken Menschen werden lässt, so bitte ich Sie jetzt, einen neuen Weg mit mir zu beschreiten. Diesen Weg muss jeder gehen, der endlich Herr über seinen Gedankentopf im Kopf werden will!

Ist es eigentlich möglich, dass wir Menschen grundsätzlich fröhlich und gesund sind? Ist es wirklich notwendig, dass sich unser Gedankentopf oft in einen Mülleimer verwandelt und uns täglich belastet?

Warum gibt es Menschen, und zum Glück sind es immer noch viele, die trotz der kleinen und großen Sorgen des Alltags dennoch fröhlich und gesund sind?

Lassen Sie uns nun gemeinsam die Antwort auf diese Fragen finden.

Pathologie: Die Krankheit des Denkens

# 5 Therapie: Die gesunde Denkart

> *A loving person*
> *lives in a loving world.*
> *A hostile person*
> *lives in a hostile world.*
> *Everyone you meet is your mirror.*
> Ken Keyes, Jr.
>
> Ein liebevoller Mensch
> lebt in einer liebevollen Welt.
> Ein feindseliger Mensch
> lebt in einer feindseligen Welt.
> Jeder, der dir begegnet, ist dein Spiegelbild.

## *Der Weg in die andere Richtung*

### ■Kurze Zusammenfassung

Wir haben nun den ersten Teil dieser Entdeckungsreise durch unsere Gedankenwelt hinter uns. Auch wenn nicht alles erfreulich war, was Sie auf den vorhergehenden Seiten gelesen haben, so hoffe ich doch, dass Sie Ihrer Denkweise ein bisschen näher gekommen sind. Nachdem wir zu Beginn die drei Grundregeln des Denkens durch einfache Spiele erkannt haben, sind in dem Kapitel der Pathologie weitere sechs Grundregeln beschrieben.

Bevor wir nun zum Kapitel „Die gesunde Denkart" übergehen, möchte ich hier im Überblick die neun Grundregeln des menschlichen Denkens zusammenzufassen:

| | |
|---|---|
| 1. Regel: | Das Denken funktioniert in Bildern. |
| 2. Regel: | Ich kann immer nur ein Bild nach dem anderen wahrnehmen. |
| 3. Regel: | Das Denken reagiert nicht auf negative Befehle. |
| 4. Regel: | Der Mensch speichert alle erlebten und empfundenen Bilder, von der Geburt an bis zum Tod. Durchschnittlich sind es 9000 Bilder pro Tag, viele Millionen im Laufe eines Lebens. |

| 5. Regel: | Die Bilder werden im Unterbewusstsein gespeichert. Sie sind nicht mehr beeinflussbar, das heißt, wir können sie nicht mehr ändern. Was gedacht worden ist, bleibt gespeichert. Was passiert ist, ist passiert! |
|---|---|
| 6. Regel: | Jedes neue Bild verdrängt das vorhergehende. Je mehr neue Bilder nachfolgen, umso tiefer versinken die alten im Speichertopf des Unterbewusstseins. Je tiefer die alten Bilder sinken, umso schwerer ist es, sich an sie zu erinnern. |
| 7. Regel: | Wenn wir uns an etwas erinnern, holen wir die entsprechenden alten Bilder wieder hervor und speichern sie von neuem. Dadurch werden Erinnerungen verstärkt. |
| 8. Regel: | Auch wenn wir mit der Zeit vieles vergessen, bleibt im Unterbewusstsein alles gespeichert. Die Summe der gespeicherten Bilder bestimmt unser Unterbewusstsein, unseren inneren Zustand. |
| 9. Regel: | Das Unterbewusstsein ist stärker als unser Bewusstsein und steuert unsere Psyche und unseren Körper. |

## ■Die nächsten 8999 Bilder

In diesem Buch haben wir bis jetzt versucht, die herrliche Maschinerie unseres Gehirns, unseres wahren Computers, durchzustudieren. Wir haben gesehen, auf welche besondere Art sie funktioniert und wie stark sie unser Leben beeinflussen kann. **Die Gedanken, die wir formulieren, entscheiden über unser Wohlbefinden. Das heißt, dass nur wir allein dafür verantwortlich sind, wenn unser Denken in die falsche Richtung läuft und es uns dabei schlecht geht!**

Was können wir nun selber dazu beitragen, damit die Richtung stimmt und damit dieser Denkapparat immer so funktioniert, wie wir es wollen? Unser Gehirn soll uns in der Nacht gut schlafen und am Morgen fröhlich und gesund erwachen lassen, es soll einfach veranlassen, dass wir glücklich sind und dass es uns gut geht!

Wenn wir nun die neun Regeln des Denkens betrachten, so sollten wir der fünften besondere Aufmerksamkeit schenken. Diese Regel betont nämlich, dass die Bilder, die wir einmal visualisiert haben, gespeichert werden und nicht mehr beeinflussbar sind. Das heißt sie gehören der Vergangenheit an und wir können sie nicht mehr verändern. Was passiert ist, ist passiert!

Gehen wir nun zu unserem Beispiel des Kochs zurück, der traurig in seinem Kochtopf dahinrührt. Er hat seine Suppe durch schlechte Zutaten, die er nicht mehr herausholen kann, verdorben. Er kann nun höchstens geduldig versuchen, durch das Hinzufügen von weiteren und besseren Zutaten die Suppe wieder schmackhaft zu machen.

So müssen auch wir uns mit unserem Unterbewusstsein verhalten. **Die alten Bilder, die wir gedacht haben, bleiben so, wie sie gespeichert wurden. Wir können sie nicht mehr beeinflussen.**
Darum konzentrieren wir uns von diesem Augenblick an auf die Bilder der Zukunft, auf jene 8999 Bilder, die uns an diesem Tag noch bevorstehen! Sie warten noch darauf, „gemalt" zu werden!

Und damit nicht nur ein schwarzes Gekritzel, sondern „wunderbare Malereien" entstehen, müssen wir diese Kunst in einem Unterricht ganz besonderer Art erlernen.

Guten Tag, lieber Leser! Herzlich willkommen in der Denkschule!

Ich bin Ihr Lehrer. Vor mir sitzen die beiden Schüler Peter Schwarz und Paul Weis. Am ersten Schultag beginnen wir gleich mit einem kleinen Versuch, der vielleicht dem einen oder anderen von Ihnen bereits bekannt ist. In meiner Hand halte ich ein bis zur Hälfte mit Wasser gefülltes Glas. Jetzt bitte ich Sie, dieses Glas gut anzuschauen. Wie würden Sie es beschreiben?

Zuerst frage ich nun Herrn **Schwarz**. Er bezeichnet das Glas als **halb leer**. „Stimmt", sage ich und richte dieselbe Frage an Herrn **Weis**. Für ihn hingegen ist das Glas **halb voll.** „Gut, Sie haben das beide richtig beobachtet!" Tatsächlich sind beide Aussagen richtig und beide haben Recht. Worin beruht nun der Unterschied dieser beiden Sichtweisen?
Herr Schwarz sieht im Glas das Problem, er sieht das, was fehlt, die Leere, das Negative. Herr Weis hingegen sieht das, was vorhanden ist, das Volle, das Positive, und erfreut sich daran.

*„Na und – schon wieder dieses alte und dumme Spiel",* meckert Herr Schwarz, ohne zu verstehen, dass in diesem kleinen Beispiel die Lösung aller seiner Probleme liegt.
**In dieser Möglichkeit, ein und dasselbe Ereignis oder dieselbe Erfahrung gegensätzlich zu beurteilen, liegt die Lösung des menschlichen Wohlbefindens.**

Herr **Schwarz,** der enttäuscht das Wasser des **halb leeren** Glases in sich hineinkippt, legt wieder ein betrübtes und negatives Bild in seinem Unterbewusstsein ab. Im nächsten Gedankenbild sieht er vielleicht, wie er bereits elend verdurstet.

Herr **Weis** hingegen genießt sein **halb volles** Glas und ist im Moment so glücklich, dass er an nichts anderes denkt, als an den Genuss des Trinkens. Er legt ein positives Bild in seinem Unterbewusstsein ab.

In der doppelten Möglichkeit, ein Bild negativ oder positiv zu beurteilen, liegt die große Chance des Menschen, sein Unterbewusstsein und seinen Gedankentopf zu beeinflussen.

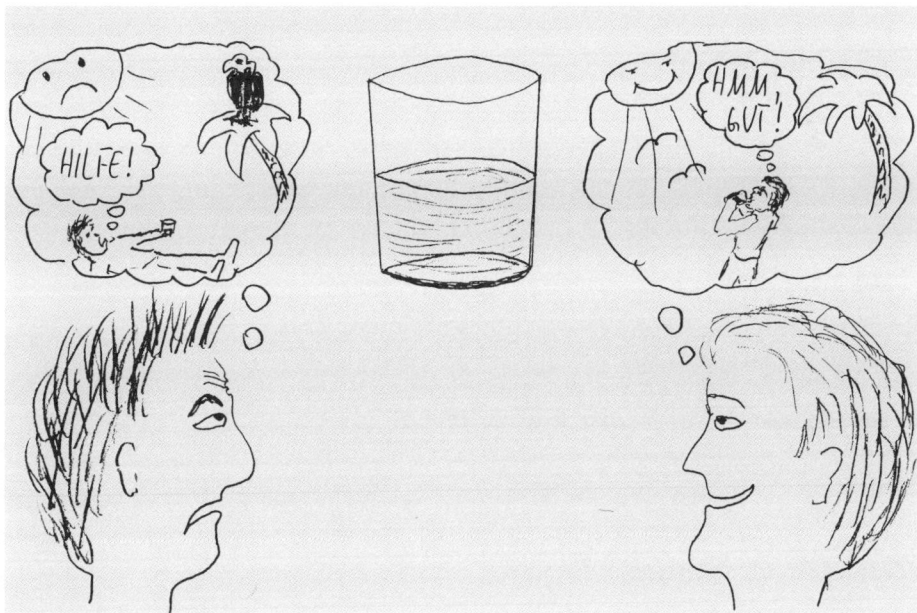

Das bereits abgedroschene Beispiel des halb vollen oder des halb leeren Wasserglases mag zwar trivial klingen, aber es enthält zwei große Wahrheiten:

1. Der Mensch ist jederzeit frei, über alles nachzudenken.
2. Der Mensch ist jederzeit frei, über alles auf positive oder negative Art nachzudenken.

Diese beiden Sätze mögen zwar völlig identisch klingen, doch vom Inhalt her ist der Unterschied enorm!

In den vorhergehenden Kapiteln haben wir bereits gesehen, dass einmal gedachte Bilder nicht mehr verändert werden können. **Wir haben aber die große Chance, durch die Art des Denkens von jetzt an die neuen Bilder so zu gestalten, dass sie uns gut tun.** Es ist nicht abzustreiten, dass **jeder Gedanke,** den wir formulieren, ich sage jeder Gedanke, im Rahmen der Polarität **positiv oder negativ** gesehen werden kann.

Das Wasserglas ist halb voll und halb leer zugleich. Die Realität ist immer ein und dieselbe. Sie verändert sich nicht. Nur **wir** entscheiden am Ende, wie **wir** die Dinge interpretieren wollen, gut oder schlecht, positiv oder negativ!

**Dieses Beispiel lehrt uns, dass wir ab jetzt auf das „Wie" und das „Was" unserer Gedanken achten müssen!**

Jedes Bild, jeder Gedanke, jede Visualisierung von heute hat einen enormen Wert und einen unglaublichen Einfluss auf mein Leben von morgen. Wie meine Laune, mein Gemütszustand, meine körperliche Verfassung in den nächsten Tagen, Wochen und Monaten sein wird, **hängt ganz eng mit den Gedanken zusammen, die ich heute, jetzt, in diesem Augenblick formuliere.** Das Denken wird also zu einer Überlebens-Kunst erhoben, zu einer wertvollen Malerei, bei der jeder Pinselstrich ausschlaggebend ist.

Wer oberflächlich und unkonzentriert oder, schlimmer noch, gleichgültig und mit negativer Einstellung dahinmalt, wird es früher oder später am eigenen Leib schmerzhaft zu fühlen bekommen.

Herr Peter Schwarz kennt sich damit aus. Seine negative und unkontrollierte Art zu denken ist das beste Beispiel, um aufzuzeigen, wie schnell man sich sein Leben vermiesen kann.

Das ständige Visualisieren eines halb leeren Wasserglases bringt mit der Zeit diese Leere auch in das eigene Leben!

Versuchen wir doch, unser Glas und gleichzeitig unser Leben zu füllen, vielleicht ist es nicht einmal so schwer!

### ■Die Geschichte des Herrn Paul Weis

Diese Geschichte spielt sich im Nachbarhaus des Herrn Schwarz ab. Dort lebt sein Schulfreund Paul Weiss. Es ist Dienstag, der 21. März, früh am Morgen. Paul Weis ist guter Laune, ja fast glücklich, vor fünf Sekunden hat er seine Augen geöffnet und ist erwacht in dieser Welt, in seiner Welt. „Es gibt Nächte, in denen man einfach gut schläft! Man wacht auf und fühlt sich wie ein Löwe", denkt er. „Die letzte Nacht ist eine solche gewesen!"

Mit einem Lächeln auf den Lippen erfreut er sich am frühen Sonnenstrahl, der quer durch sein Schlafzimmer scheint. Ein herrlicher Tag, noch dazu ist es Frühling, die Jahreszeit, die ihn am meisten fasziniert und die er liebt. Seine Freunde bezeichnen ihn des Öfteren als Frühlingskind. An diesem Tag fühlt auch er es in sich, dieses Frühlingskind, dieses wunderbare Gefühl des Glücklichseins.

„Raus aus dem Bett", denkt er. „Es ist ja noch früh und meine Frau schläft noch, da gehe ich zum Duschen am besten in das Gästebad … oh, freue ich mich, ich kann in Ruhe meine Morgendusche genießen … zuerst heiß, dann kurz eiskalt, und ich fühle mich wieder so richtig fit! Der beste Weg, einen Tag gut anzufangen …!"

Zufrieden und rasch wie eine Raubkatze will er zur Schlafzimmertür hinausschleichen, als plötzlich sein Blick auf die Aktentasche fällt. „Was macht die denn hier?"

Da erinnert er sich! „Gestern war ein wichtiger Tag!"

Im Büro hatte es einige Probleme gegeben. Mit seinem Partner hatte er zwar eine lange Auseinandersetzung gehabt, aber am Ende hatte es beiden dennoch etwas gebracht. Es war höchste Zeit, sich wieder einmal auszureden und gemeinsam neue Zukunftspläne zu besprechen. Die Sekretärin hatte sich krank gemeldet, nicht die üblichen drei Tage – nein, drei Wochen hieß es. Scheinbar war sie nervlich überlastet.

Herr Weis hatte es bereits vorausgeahnt. In den letzten Wochen hatte sie zu viele Überstunden geleistet, außerdem war ihre Situation zu Hause äußerst schwierig. Irgendwie war er sogar froh darüber, dass es nichts Schlimmeres war. An ihrer Stelle hätte er wahrscheinlich das Gleiche getan.

„Ich werde heute auch allein über die Runden kommen!", meint er, auch wenn es Dienstag, der 21., sein Abrechnungstag war und bis zum Abend zwei volle Akten überarbeitet und durchgerechnet werden mussten. „Mal sehen, früher hatte ich überhaupt keine Sekretärin und habe noch viel schwierigere Situationen alleine gemeistert!"

Er nimmt diese Aktentasche vom Tisch und schleicht aus dem Schlafzimmer. „Hihi, eigentlich ist es lustig, wie ich da im Pyjama mit einer Aktentasche unter dem Arm im Haus herumwandle. Meine Frau würde mich bestimmt auslachen! Schmunzelnd eilt er mit seiner Aktentasche die Stiegen hinunter zum Gästebad. „Die Aktentasche?" Es ist ihm immer noch nicht klar, warum sich diese im Schlafzimmer befindet.

Plötzlich erinnert er sich: „Ich wollte ja gestern noch den Kostenvoranschlag des Hydraulikers durchschauen." Vor zwei Tagen gab es auf dem Dachboden diesen Rohrbruch, durch welchen das Kinderzimmer überschwemmt wurde.

„Oh die Kinder! Die hatten ihren Spaß, als sie versuchten, die Wassertropfen von der Decke mit Eimern einzufangen." Noch dazu durften sie ausnahmsweise im Wohnzimmer übernachten, was sie natürlich ganz toll fanden.

Für Herrn Weis war die Angelegenheit nicht so lustig, denn der Rohrbruch hat großen Schaden angerichtet. Es war ein Beweis dafür, dass die Rohre der Wohnung, die er erst vor kurzem abgezahlt hatte, brüchig waren. Er hatte dies schon seit langer Zeit befürchtet, denn er wusste, dass die

Wasserrohre des Hauses veraltet waren. Jetzt, wo er seine Schulden abgezahlt hatte, war es an der Zeit, diese Schwachstelle im Haus in Angriff zu nehmen. „Wir haben Glück gehabt, dass dies nicht im Winter passiert ist. Jetzt, wo doch der Sommer naht und die Tage immer wärmer werden, wird das Haus bald wieder trocknen! Darum ist es auch nicht so schlimm, wenn die Sanierungsarbeiten nicht gleich beginnen können."

Herr Weis wandert mit seinen Gedanken wieder zum Kostenvoranschlag des Hydraulikers zurück, den er am Vorabend nicht mehr aus seiner Aktentasche herausgezogen hatte. Die Lektüre seines spannenden Romans war ihm vor dem Einschlafen nämlich lieber gewesen. Vielleicht war es auch besser so.

Der Hydrauliker war, wie alle anderen Handwerker auch, sehr gestresst und konnte seinen Aufträgen fast nicht mehr nachkommen. Herr Weis hatte ihn mehrmals bitten müssen, seinen Rohrbruch überhaupt zu begutachten.

„Tja, Handwerkern muss man immer nachlaufen, sie scheinen nie für etwas Zeit zu haben! Aber da geht es uns wohl allen gleich!"

Herr Weis schlendert mit seiner Aktentasche in das Gästebad.

Im Spiegel sieht er sein Gesicht. „Schau dir das an – mit der Aktentasche ins Bad – und das in aller Herrgottsfrühe!" Und während er sein Spitzbubengesicht im Spiegel betrachtet, fängt er laut zu lachen an. „Cool siehst du aus, lieber Paul! Fast könntest du noch in die Filmbranche einsteigen. Trotz deiner Jahre bist du immer noch ein schöner Mann und könntest so mancher Dame den Kopf verdrehen."

Wie Arnold Schwarzenegger spannt er seine Muskeln vor dem Spiegel an und schneidet Grimassen wie Mister Bean. Er steigt in die Dusche und blickt mit Zufriedenheit auf den Warmwasserhahn.

Wegen des Rohrbruchs hatte der Hydrauliker ein Notventil eingebaut, so dass es im Haus kein warmes Wasser mehr gab.

Herr Weis war mit dieser Notlösung nicht zufrieden. Einen ganzen Abend lang hatte er mit einem Schlauch herumgebastelt, bis endlich wieder warmes Wasser aus den Hähnen zu fließen begann. Seit diesem Abend freute sich Herr Weis ganz besonders über jeden Tropfen warmen Wassers, der aus der Brause kam. „Ich glaube, der Hydrauliker sollte von mir ein paar Nachhilfestunden bekommen, hihi!"

Herr Weis genießt die Wärme des Wassers an seinem Körper. „Oh, eine warme Dusche ist wohl die beste Errungenschaft der modernen Zeit!"

Etwas Musik könnte seine Badezimmer-Zeremonie noch angenehmer gestalten.

Sein Blick fällt auf das Radio am Waschtisch.

„Oh ja, meine Tochter badet immer bei lauter Musik. Sie liebt diese furchtbar lauten Töne, die aus dem Radio dröhnen, diese schreckliche Techno-Musik!" Für ihn, den alten Beatles-Fan, klingt sie wie der Lärm einer Bohrmaschine. Aber mit einem Lächeln erinnert er sich an seinen Vater, der damals genauso wenig seine Begeisterung für die Musik der Beatles teilte. „Schalt bloß das Affentheater dieser vier vergammelten und langhaarigen Schreihälse aus!" Und damit war die Sache erledigt …

Paul Weis schaltet auch an diesem Morgen das Radio in der Hoffnung ein, wieder ein altes Beatleslied zu hören. Doch schon gleich ertönen die Morgennachrichten.

„Israel, Tel Aviv: Ein neuer Selbstmordanschlag hat ........KLICK!! „Weg mit dem Zeug!", sagt Herr Weis laut und dreht an der Kiste herum, bis endlich eine Musik ertönt, die ihm irgendwie bekannt vorkommt ... „Imagine there's no countries, nothing to kill or die for, and no religion too ..." „Super, John Lennon, ich wusste, dass ich einen Beatles-song finden würde", jubelt er und schon beginnt er selbst laut mitzusingen. Es war eines seiner Lieblingslieder mit dem besten und genialsten Text der Welt! „Oh John, leider gibt es dich nicht mehr! Du schaust von dort oben auf uns herunter und lachst. Wer weiß, vielleicht wird eines Tages dieses Lied zur Hymne unserer Welt werden."

Und während Paul Weis weiter vor sich hin singt, öffnet sich die Tür und seine Frau ruft ihm lachend zu: „Hey, Mister Lennon, hier sind Ihre Kleider und vergessen Sie nicht, dass Sie einen Sohn haben, der pünktlich in die Schule muss ... Es ist schon spät!"

„Berühmte Sänger lassen immer auf sich warten, Liebling!"

„Übrigens, deine Tochter hat heute nicht gut geschlafen. Sie ist schon wieder erkältet."

„Mach dir keine Sorgen, Liebling, der Winter ist ja vorbei. Lass sie vielleicht einen Tag lang zu Hause. Morgen geht es ihr sicherlich wieder besser."

Beim Frühstück erzählt Frau Weis freudestrahlend, dass sie am Vortag glücklicherweise noch die letzten beiden Tickets für das Abendkonzert bekommen hatte. Zur Belohnung dafür müsste Herr Weis sie anschließend „leider" in ihr Lieblingslokal auf einen Drink einladen!

„Nur wenn ich den heutigen Tag im Büro überlebe ...", sagt Herr Weis lächelnd und sieht sich in Gedanken bereits im Konzertsaal sitzen.

Doch er muss sich beeilen. „Gut war dein Kaffee, Liebling, und das Brötchen auch! Ich werde immer dicker, du verwöhnst mich zu sehr!"

„Michi, komm, wir müssen aufbrechen!" Er drückt seinem Sohn, der noch an der Kakaotasse nippt, einen Kuss auf die Wange und nimmt ihn bei der Hand. „Hab ich ein Glück, zwei so prächtige Kinder zu haben", denkt Herr Weis, während er mit Michi und mit seiner Aktentasche unter dem Arm in die Garage geht.

Vater und Sohn steigen beide in den Wagen und fahren los. Am Garagenausgang blendet sie gleich schon die Morgensonne. „Hurra, Papi, schau die Sonne, heute Nachmittag gehe ich mit Mami auf die große Wiese. Ich darf mein neues Flugzeug mitnehmen!"

Der kleine Michi erzählt mit Begeisterung von dem riesigen Flugzeug, das er in der Schule gebastelt hat, und wie er sich freue, es dem Papi zu schenken.

Herr Weis blickt lächelnd der Sonne entgegen und spürt deren Wärme auf seinem Gesicht. Als sein Auto langsam in den üblichen Stau in die Hauptstraße einbiegt, betrachtet er die Blumen am Straßenrand und erfreut sich an den Primeln und den Vergissmeinnicht, den ersten Frühlingsblumen, welche die Stadtgärtner wieder so schön angepflanzt hatten. „Der Frühling ist wieder da", denkt er, während sein Wagen im Schritttempo dahinkriecht, „und ich bin der glücklichste Mensch auf der Welt!"

## ■Gedanken zur Geschichte des Herrn Paul Weis

Was für eine Geschichte! Sie schildert eine Stunde im Leben des Herrn Paul Weis! Es ist derselbe Tag, der gleiche sonnige Frühlingsmorgen wie bei Herrn Schwarz. Es sind aber zwei verschiedene Arten, den Tag zu beginnen, den gleichen Tag. Zwei verschiedene Typen von Menschen: der eine **glücklich** und **gesund,** der andere **unglücklich** und **krank.**

Was hat Herr Weis an sich, um so zu sein, wie er ist? Gar nichts! Er versucht nur, seinen Tag mit positiven Bildern zu beginnen und zu füllen! Dies gelingt ihm auch!

Warum sollte es nicht uns allen gelingen, den Tag mit positiven Gedanken zu füllen? Versuchen wir nun, auf Herrn Weis zu hören und von ihm zu lernen.

Wenn wir noch einmal zu unserem Beispiel des Wasserglases zurückgehen, so ist es eigentlich ganz einfach, das Glas jetzt plötzlich als halb voll zu bezeichnen. **In der Realität unseres täglichen Lebens allerdings ist es manchmal gar nicht so leicht, die Dinge von der anderen, der positiven Seite zu sehen.** Wie können wir das erlernen?

## ■Das Wasserglas des täglichen Lebens

In unserem Alltag sind wir ständig mit Ereignissen konfrontiert, die von unserem Denken eine Stellungnahme verlangen. Wir sind ständig Richter unserer Lebenssituation. Unser kritischer Sinn kommt uns dabei zugute, und je nach Laune, Charakter oder Angewohnheit beurteilen wir das, was wir erleben, auf verschiedene, manchmal sogar entgegengesetzte Art und Weise. Dabei sind wir alle ein bisschen Herr Schwarz mit dem halb leeren, oder Herr Weis mit dem halb vollen Glas.

Ich habe hier anschließend verschiedene Lebenssituationen und die jeweilige Einstellung des Herrn Schwarz und des Herrn Weis dazu beschrieben. Sie können selbst einmal überprüfen, wie oft Sie sich auf der Schatten- oder der Sonnenseite Ihres Alltags befinden.

| Situation | Peter Schwarz | Paul Weis |
|---|---|---|
| **Guten Morgen!** | Oh je, ich möchte noch weiterschlafen! | Super, ein neuer Tag beginnt! |
| **Im Bad vor dem Spiegel** | Wie sehe ich bloß aus! Warum hat der liebe Gott mich nur so hässlich gemacht? | Du hast immer noch ein schönes Lächeln, Paul! |
| **Regenwetter** | Sauwetter! | Endlich regnet es und die Luft wird wieder sauber! |
| **Im Auto auf dem Weg zur Arbeit** | Der ewige Stau, ich kann diese Fratzen in den Autos nicht mehr sehen! | Der Himmel ist so schön blau, heute wird es warm werden! Auf den Bäumen befinden sich schon die ersten Blüten. |
| **Die Stadt** | So geht's nicht mehr weiter, die Stadt ist ein Dreckhaufen! | Schön, wie die Stadt so langsam erwacht! |
| **Die Arbeit** | Bald sitze ich wieder acht Stunden bei dieser Scheißarbeit! | Hab ich ein Glück, überhaupt einen Arbeitsplatz zu haben! |
| **Die Arbeitskollegen** | Mir gehen alle auf die Nerven! | Wie viele Jahre verbringen wir schon unsere Tage zusammen? |
| **Das Essen** | Ich bekomme schon Magenkrämpfe, wenn ich nur hinschaue! | Wie vielfältig ist unsere Ernährung heutzutage! |
| **Die Nachrichten** | Hör nur, wie schrecklich die Welt ist! | Super, die Wettervorhersage sagt ein gutes Wochenende voraus! |
| **Die Weltsituation** | Wenn es so weitergeht, haben wir bald den dritten Weltkrieg! | Eigentlich ging es der Menschheit noch nie so gut wie heute! |
| **Arbeitschancen für die Zukunft** | Oh je, es ist furchtbar, wir werden alle bald arbeitslos sein! | Am Arbeitsmarkt wird es viele neue Herausforderungen geben! |
| **Das eigene Haus** | Nur Arbeit und Kosten! | So ein Glück, meine eigenen vier Wände zu haben. |
| **Die eigene Frau** | Sie versteht mich nicht mehr! | Was wir schon alles zusammen erlebt haben! |
| **Die Kinder** | Nur ein Stress! | So ein Glück, Kinder zu haben! |

| Situation | Peter Schwarz | Paul Weis |
|---|---|---|
| **Morgen** | Morgen ist Abrechnungs-tag, oh je! | Ich freue mich schon auf die Theatervorstellung! |
| **Ein Verstorbener** | Für immer gegangen! | Nur vorausgegangen! |
| **Mein Körper** | Wird immer älter und schlaffer! | Immer noch gut! Heute geh ich wieder zum Turnen! |
| **Meine Krankheit** | Hilfe, ein Arzt muss her! | Übermorgen bin ich wieder gesund! |
| **Mein Leben** | Alles falsch gemacht! | Jeder Tag ist ein Geschenk Gottes! |

Haben Sie sich in diesen Aussagen wieder gefunden, manchmal als Herr Weis, manchmal als Herr Schwarz?

Wenn Sie sich vorwiegend auf der „weißen" Seite gefunden haben, so können Sie mit sich selbst zufrieden sein. Wenn Sie sich allerdings mit dem Herrn Peter Schwarz identifizieren, so lassen Sie aber bitte nicht gleich den Kopf hängen. Sie sind nicht der „Schwarze Peter", Sie sind kein unverbesserlicher Pessimist, sondern ein ganz normaler Mensch. Wie viele andere auch, spielen Sie mit Ihren Gedanken und lassen negative Bilder so in sich eindringen, als wäre dies eine Selbstverständlichkeit. **Passen Sie aber auf, denn jetzt wissen Sie, dass diese Gedanken Gift für Ihr Wohlbefinden sind! Von nun an soll dies anders werden!**

# Wo die Gefahren lauern

*Il positivo entra ed esce dalla testa.*
*Il negativo lascia un dubbio strisciante, un'inquietudine sorda;*
*perché la paura è il fondo della condizione umana.*
*Tiziano Terziani „Un indovino mi disse"*

Das Positive kommt und geht im Kopf.
Das Negative hinterlässt einen dunklen Zweifel, eine taube Unruhe;
... denn die Angst ist der Grundstein des menschlichen Daseins.

## ■Die Wurzeln des Pessimismus

Durch meinen Beruf unterhalte ich mich täglich mit vielen Menschen. Die Leute erzählen mir von ihrem Leben, von ihren Eindrücken und von ihrem Leid. Da fällt mir immer mehr auf, wie bitter und negativ die Lebenseinstellung vieler Menschen ist, **wie wir alle immer mehr die Rolle eines Kritikers einnehmen, der alles in Frage stellt, anzweifelt, der den Wurm und das Negative in den Dingen sucht.**

Peter Hahne beschreibt in seinem Buch „Schluss mit lustig" diesen Zustand auf besonders treffende Art: „Wir sind Weltmeister im Wehklagen, im Nörgeln und Nölen, im Stöhnen und Seufzen ... und das auf höchstem Niveau."

Ist es vielleicht schick oder gilt jemand als intellektuell besonders hochstehend, wenn er mit Kritiken, negativen Kommentaren, Infragestellungen, pessimistischen Visionen und Prognosen um sich wirft? Der Trend scheint in diese Richtung zu gehen. Wieso? Was macht uns Menschen oft und immer häufiger zu Pessimisten?

## ■Meine fünfjährige Tochter

Samstagabend bei mir zu Hause. Hier sitzen meine Frau und meine 5-jährige Tochter. Der Topf mit den warmen Knödeln steht in der Mitte des Tisches. Meine Frau füllt jedem seinen Teller und ich erzähle ein bisschen von meinem Tag, von meinem herrlichen Bergausflug, den ich unternommen hatte.

Wir beginnen mit dem Essen und ich berichte, wie ich bei Sonnenaufgang mit der Seilbahn den Berg hinaufgefahren bin und wie ich mit meinen Bergkollegen die ersten Sonnenstrahlen bereits auf 2000 Metern Höhe genossen habe.

Meine Tochter schmatzt genüsslich an ihrem Knödel. Ich fahre mit meiner Erzählung fort und beschreibe den herrlichen Aufstieg zum Gletscher, unsere Begegnung mit Gämsen, die Wasserfälle und den großen Adler, der über uns kreiste.

Meine Tochter isst weiter und greift nach einem Stück Brot. Ich erzähle von den Eiszapfen, den Schneebrettern, vom Berggipfel und von der unglaublichen Aussicht auf die umliegenden Berge und Täler, von den beiden anderen Bergsteigern aus München, denen wir am Gipfel begegnet sind.

Meine Tochter ist anscheinend mit dem Abendessen recht zufrieden und fragt nach noch einem Knödel.

Ich erzähle dann weiter, vom Abstieg, vom bezaubernden Bergsee, in welchem wir gebadet haben, und von einem Zwischenfall mit einer Bergsteigerin, die ausgerutscht war und sich eine kleine Schnittwunde am Knie zugezogen hatte.

Da unterbricht mich plötzlich meine Tochter. „Wer ist gefallen, Papi? Wo hat sie geblutet? Hat sie geweint? Hast du sie dann operieren müssen?"

Ich sehe meine Frau an und merke, dass auch sie überrascht ist. Anfänglich dachte ich, meine Tochter würde gar nicht zuhören und ihre ganze Aufmerksamkeit ausschließlich ihrem endlosen Appetit widmen. Aber ich hatte mich getäuscht! Sie hatte zugehört.

Nun frage ich mich, warum meine Tochter nur auf den negativen Zwischenfall reagiert hat, wo doch der Rest meiner Erzählung so interessant und erfreulich war. Die Schnittwunde, das Blut, das Weinen und das Operieren, das hat sie plötzlich interessiert. Warum?

Wie kommt es, dass schon ein 5-jähriges Kind auf eine negative Nachricht reagiert und die ganze Reihe von positiven Meldungen total überhört? Sollten nicht gerade Kinder, deren Hirn noch so gut wie unberührt ist, nur das Schöne und das Positive sehen?

Ich habe mich oft gefragt, ob vielleicht gerade das Negative eine besondere Anziehungskraft auf die Psyche des Menschen hat oder ob der Mensch von Natur aus negativ eingestellt ist.

Auf der Suche nach einer Antwort habe ich für längere Zeit die Verhaltensmuster meiner Mitmenschen, Patienten, Freunde und Familienangehörigen beobachtet und bin zur Erkenntnis gelangt, **dass wir Menschen uns durch die Entwicklung zwar sehr stark verändert haben, dass aber gewisse Ureigenschaften und Instinkte immer noch in uns vorhanden sind und unser Verhalten prägen. Einer unserer wichtigsten Urinstinkte ist die Angst.**

## ■Die Urangst

Vom Leben unseres Vorfahren, des Homo erectus, der vor zwei Millionen Jahren lebte, haben wir schon in den vorhergehenden Kapiteln gesprochen.

Der arme Mensch hatte es nicht leicht. Seine ganze Aufmerksamkeit galt dem Hunger, der Kälte, der Hitze, dem Schutz vor wilden Tieren. Er musste in dieser feindlichen Welt überleben, und es gelang ihm auch! Er konzentrierte sich auf die Gefahren, die auf ihn lauerten, und auf jedes kleine Signal aus der Außenwelt, das ihn bedrohte. Ein Rauschen der Blätter, eine Bewegung hinter dem Busch, ein Laut von weit her, alles konnte sein Leben gefährden.

Der Homo erectus musste aufpassen. Er war sich der Gefahren bewusst, die überall auf ihn lauerten. Er hatte Angst, Angst vor der gefährlichen Außenwelt, Angst vor allem, was rund um ihn geschah. Diese Angst, die sein tägliches Leben prägte, war eigentlich seine wichtigste Überlebenshilfe. Die Angst beeinflusste seinen Instinkt: sie trieb ihn zur Vorsicht, zur

Wachsamkeit, zur Verbesserung seiner Schutzvorrichtungen, zur genaueren Vorsorge, zur gründlicheren Vorbereitung seiner Expeditionen.

Ähnliche Verhaltensweisen der Wachsamkeit können wir auch heute noch bei wilden Tieren in freier Natur beobachten.

Diese Angst, die ich als Urangst bezeichne, war ein wichtiger Teil des Wesens unseres Vorfahren, des Homo erectus. Sie war seine Überlebenshilfe.

Im Laufe der Jahrtausende entwickelte sich der Mensch zum Homo sapiens. Durch seine Intelligenz oder „sapientia" erlernte er neue Überlebenstechniken, erfand Werkzeuge und Waffen, um die Angst, mit der er leben musste, zu überwinden. Er trug Kleidung, lebte in einem Haus, konnte sich mit einfachen Waffen verteidigen und seine Beute am Feuer kochen. Die ständige Angst, sich in Gefahr zu befinden und jeden Augenblick sein Leben verlieren zu können, flaute allmählich ab. Er konnte sich etwas entspannen und fand dadurch auch die Zeit, sich mit dem auseinander zu setzen, was rund um ihn geschah.

Er begann sich Fragen über die Kräfte der Natur und über den Ursprung des Seins zu stellen. Götter und Glaube nahmen eine entscheidende Rolle in seinem Leben ein. Es waren die Götter, die über das Schicksal walteten, die über Gut und Böse entschieden, die belohnten und bestraften und die dem Menschen viel abverlangten. Die Urangst aber lebte weiter: sie lebte im Aberglauben, in der Furcht vor dem Bösen, dem Satan, in den Dogmen der verschiedenen Religionen, in der Furcht vor der Strafe Gottes und der ewigen Verdammung der Seele.

Viele Jahrhunderte hindurch lebte und kämpfte der Mensch mit diesen Ängsten.

Im Laufe der Entwicklung hat sich der Mensch in der Folge immer mehr mit sich selbst auseinander gesetzt. Er begann sich auf die Freiheit und die Kraft des eigenen Denkens zu konzentrieren. Das Zeitalter der Aufklärung war von Erfindungen und Entdeckungen geprägt. Der Mensch fuhr hinaus auf das offene Meer, um die Welt zu erkunden, er studierte die Phänomene der Natur und erkannte, dass die Erde rund war, dass Blitz und Donner, Erdbeben und Überschwemmungen nicht die Strafen der zürnenden Götter waren. Aberglauben und Angst erweckende Lehren der Religionen verloren allmählich an Bedeutung.

Heute, im dritten Jahrtausend, in welchem das Weltall erforscht zu sein scheint, der „Big Bang" als die Entstehungsursache unseres Daseins gilt und in welchem sogar unsere Fortpflanzung wissenschaftlich garantiert ist, könnte man annehmen, wir hätten einen Großteil unserer Urangst überwunden.

Wir leben in einer neuen Ära, dem Zeitalter des Rationalismus, der alles erklärenden Technik. Scharf auf alle Neuigkeiten und Informationen, sitzen wir wie hypnotisiert vor Radio, Fernsehen und Computer. Wir lassen uns von einem Informationsstrom überfluten, in der Überzeugung, dass alles im Leben eine wissenschaftliche Erklärung haben muss. Dies entspricht aber nicht den Tatsachen.

Wir Menschen haben in den letzten 300 Jahren unser Denken ausgeweitet und intensiviert. Wir haben zwar eine Antwort auf viele existentielle Fragen gefunden, sind uns aber dennoch bewusst, dass wir trotz des Fortschritts in Wissenschaft und Technik zerstörbar sind.

Es bleibt daher die Angst, diese Urangst, die seit Millionen von Jahren unser Denken prägt und die uns immer noch nicht verlassen hat. Heute ist es nicht mehr die Angst vor wilden Tieren, die uns zerfleischen oder sogar töten, auch nicht mehr die Furcht vor Gott, der uns bestraft.

Jeder Mensch spürt dennoch in seinem tiefsten Inneren die instinktive Lebensangst. **Sie ist die Ursache des unterbewussten Zwangs in jedem von uns, sich immer mehr auf all jenes zu konzentrieren und alles ernst zu nehmen, was mit Überleben, Gefahr, Schmerz, Leiden, Unglück, Krankheit und Tod zu tun hat.**

Wenn es um diese Themen geht, kommt bei uns allen die alte Überlebensangst wieder zum Vorschein. Wir fühlen uns direkt angesprochen und im Hinterkopf kämpfen wir sofort mit dem Gedanken, was wir tun könnten, damit es uns nicht auch einmal so ergeht.

Bei Gefahren im Schmerz und im Leid reagieren alle Menschen auf ähnliche Weise. Ob Mann oder Frau, jung oder alt, reich oder arm, weiß oder schwarz, wir alle bangen um unser Leben, heute gleich wie vor zwei Millionen Jahren. Das Schlimme am Ganzen ist aber, dass während der Mensch vor zwei Millionen Jahren nur wenig Zeit und Platz für seine Gedanken hatte, er heute zum großen Denker geworden ist, der täglich 9000 Bilder visualisiert.

Durch die ständige Informationsflut entsteht die Gefahr, dass sich das Gehirn zu einem Magneten für negative Nachrichten entwickelt, dass der Mensch den Überblick über das Wesentliche verliert und sich so zum totalen Pessimisten entwickelt.

### ■ Die Geschäftemacherei rund um die Urangst: Die Medien

Sie alle wissen über die besondere Anziehungskraft des Negativen auf den modernen Menschen Bescheid, vom Chefredakteur bis zum kleinsten Hobby-Journalisten, vom großen Filmregisseur bis zum lausigsten Paparazzi-Fotografen. Alle haben es verstanden: Wollen sie ihre Zeitungen, Berichte, Fotos oder Filme verkaufen, **so müssen sie etwas Erschütterndes bringen.**

Auch wenn diese Verhaltensweise vollkommen absurd klingen mag, lechzen Leser und Zuschauer nach Horrorszenen, Skandalen, Blut, Tod, Brutalität, Krankheiten und sonstigen Schicksalsschlägen. Wir brauchen nur die harmloseste Tageszeitung durchzublättern, um zu sehen, dass jede zweite Nachricht einen negativen Titel trägt: Kriegsgeschehen, Attentate, Autounfälle, Prozesse, Unwetterkatastrophen, Hitze-Tote, Krankheiten oder Morde. Der Horror erscheint groß gedruckt auf jedem Titelblatt!

Auch banale Meldungen präsentieren sich mit einer schockierenden Überschrift besser.

Am schlimmsten sind die Flugblätter, mit denen vor jedem Zeitungskiosk für die eine oder für die andere Tageszeitung geworben wird. Die Schreckensbotschaft des Tages wird groß gedruckt ausgehängt oder aufgestellt, damit sie ja keiner übersieht und die Zeitung sofort gekauft wird. Es ist traurig, aber wahr: Eine Zeitung, die nur positive Nachrichten bringen würde, könnte nicht überleben. Keiner würde sie nämlich kaufen. Dennoch gibt es viele gute Nachrichten, sicherlich gleich viele wie schlechte. **Nur sind wir mit unserer Urangst, die immer noch in uns lauert, nicht daran interessiert!**

Ich hatte einmal eine Auseinandersetzung mit einem Journalisten. Es ging um Zeitungskommentare über neue Musikproduktionen einheimischer Rockbands. Seit Jahren war fast jede Neuerscheinung mit wenigen Zeilen in den Boden gestampft worden. Als ich diesen „sympathischen" Herrn einmal unter vier Augen fragte, welche Musik ihm überhaupt gefalle, beichtete er, dass er eigentlich alles recht gut fände, nur habe er von der Redaktion den klaren Auftrag erteilt bekommen, mit Kritiken und negativen Kommentaren nicht zu sparen. Positive Kommentare interessierten niemanden, und nur so würden seine Artikel gelesen.

Diese Aussage hat mir lange zu denken gegeben. Wenn die Presse diese Vorgangsweise bereits in einem so kleinen und unwichtigen Bereich wie der Südtiroler Musikszene anwendet, wie sieht es dann in den wichtigen Bereichen der Medienwelt aus? Wie steht es um die Nachrichten und Berichte, die an die breite Masse der Bevölkerung gehen und sich mit wichtigen Argumenten befassen?

Können Sie sich vorstellen, wie es so zugeht, wenn die Presseleute gewollt oder ungewollt täglich ihre Horrorgeschichten aufspüren und regelrechte Schlammschlachten zu Papier bringen müssen, nur um ihr Produkt zu verkaufen? Was für starke Nerven müssen sie wohl haben, um all das Negative zu verkraften! **Können solche Menschen überhaupt noch Optimisten sein? Was passiert mit ihren täglichen 9000 Bildern?**

Journalisten sind nicht die einzigen Opfer unserer Zeit. Leider hat sich dieser Wurm des Negativen auch in viele andere Bereiche eingeschlichen.

Ich denke da zum Beispiel an die verschiedenen Hits der Musik-Charts, deren Texte zum Teil abscheulich und brutal sind, um die Aufmerksamkeit der Jugendlichen zu wecken und von ihnen gekauft zu werden. Muttermord, „abgefackte" Drogen, „kill the Police" sind Worte der Songs unserer Kinder. Haben Lieder mit romantischen Liebestexten überhaupt noch eine Chance, zum Erfolgshit zu werden? **Haben wir Menschen es um jeden Preis notwendig, durch Negatives aufgerüttelt zu werden?**

Um die niedrige Einschaltquote seiner Unterhaltungssendung zu steigern, fiel letzthin einem italienischen Fernsehmoderator nichts Besseres ein, als am Sonntag Nachmittag eine halbe Stunde lang ein Interview mit einem

17fachen Mörder zu bringen. Es gibt also keine Grenzen mehr. Die Leute müssen geschockt werden!

Die Filmindustrie ist auf diesem Gebiet besonders kreativ und verkauft ihre Werke sogar als Kunst. Bei all dem, was wir heutzutage auf der Leinwand zu sehen bekommen, scheint es tatsächlich unbegrenzte negative Möglichkeiten zu geben. **Je brutaler und tiefer, je realistischer und negativer die Misere der Menschheit präsentiert wird, desto sicherer wird der Zuschauer oder Zuhörer auf der anderen Seite gefesselt, aber gleichzeitig geschockt und verwundet.** Ob er dann zu Hause nicht schlafen kann, eine Panikattacke bekommt, oder ob sein Unterbewusstsein einen Dauerschaden davonträgt, ist dem Regisseur ja vollkommen egal.

Wichtig ist, es wird über den Film und die Sendung gesprochen, wichtig ist zu provozieren, Negatives zu verbreiten und Angst hervorzurufen.

Der berühmte und mit mehreren Oskars ausgezeichnete Film „Schindler's List", der in allen Kinos weltweit zu sehen war, ein Film, der mit unglaublicher Präzision jedes kleinste Detail der Grausamkeiten während der Nazi-Ära zeigt, ist in seiner Genauigkeit erschütternd.

Ich erinnere mich noch, wie ich, nachdem ich diesen Film gesehen hatte, die längste Zeit taumelnd durch die Straßen der Stadt ging und bitterlich weinte. Ich war damals 39 Jahre alt. Es dauerte Tage, bis ich das alles irgendwie verarbeitet hatte.

Besonders empört war ich zu einem späteren Zeitpunkt, als ich erfuhr, dass dieser Film den Studenten in den Oberschulen Südtirols während des Geschichteunterrichts vorgeführt wird. Was werden wohl zwei Stunden dieses Horrors im Hirn eines 14-jährigen Schülers auslösen? Was mag wohl im Kopf eines Lehrers oder Direktors vor sich gehen, wenn er beschließt, dieses „Werk" seinen Schülern vorzuführen? Gehört das Betrachten dieses Films vielleicht zur Allgemeinbildung?

**Zu oft wird das Gehirn des Menschen lediglich als Sammelbecken von Grausamkeiten oder, schlimmmer noch, als Mülldeponie verwendet! Unserer Urangst wegen sind wir alle zutiefst verwundbar.**

Wir selbst sind stillschweigend die Opfer unseres eigenen Fortschritts! Wir haben unseren Denk-Computer so eingestellt, dass er **ohne Filter** täglich unzählige Informationen aufnehmen kann. Und er tut dies auch!
**Unsere Urangst, unsere Überlebensangst dirigiert unser Denken dahingehend, dass es überwiegend das Negative speichert, das auf uns zukommt.**

### ■Angewohnheiten in unserem Leben

**Der Fluss der negativen Meldungen gefährdet unser mentales Gleichgewicht.** Wir haben eine Gefahrenquelle erkannt, die unser Wohlbefinden beeinträchtigt. In den letzten fünfzig Jahren haben wir dazu besondere Lebensgewohnheiten entwickelt.

Wir hängen zum Beispiel ständig am Radio und hören jede Stunde dieselben Nachrichten, der Fernseher läuft fast den ganzen Tag, Computer und Internet ebenso. In manchen Häusern, in denen der Fernsehapparat sogar während der Mahlzeiten eingeschaltet bleibt, ist es besonders schlimm.

Büros großer Firmen lassen Informationssender, wie zum Beispiel CNN, durchgehend mit der Begründung laufen, dass es für den Erfolg des Unternehmens unumgänglich sei, ständig über das Weltgeschehen und über die Finanzmärkte informiert zu sein.

Durch dieses ständige „vor der Glotze sitzen" werden das menschliche Schicksal und alle Tragödien der Welt 24 Stunden am Tag verfolgt. Die Zuschauer werden zu unmittelbaren Zeugen des Weltgeschehens.
Ich frage mich, ob diese Menschen überhaupt noch ein Auge für den Sternenhimmel oder ein Ohr für das Vogelgezwitscher in freier Natur haben.

Studien über die vor dem Fernseher verbrachten Stunden eines Durchschnittsmenschen in den USA haben dazu geführt, dieses Medium als eine Droge zu bezeichnen. Letzthin habe ich in der Zeitung sogar von einer Gesundheitsklage gegen einen amerikanischen Fernsehsender gelesen. Der

Kläger hatte aufgrund seiner Abhängigkeit von dieser „Droge" und durch das ständige, mit Junkfood verbundene Sitzen vor dem Fernseher ein Gewicht von 140 kg erreicht.

Eine weitere Gewohnheit unseres Lebens, von der wir uns nicht mehr trennen können, ist das tägliche Durchblättern von Tageszeitungen, Sensationsblättern, Boulevardlektüre und Wochenmagazinen.
Nachrichten, Pressefotos, Artikel und Mitteilungen prasseln ohne Rücksicht auf unsere Kultur, unser Alter, unsere Sensibilität, unseren Gemüts- und Gesundheitszustand auf uns nieder, so als bestünden wir nur aus Riesenohren und Riesenaugen, die ständig mit möglichst viel Informationsfutter gemästet werden müssen.

**Aber wir sind Menschen, jeder mit einem anderen Auffassungsvermögen, jeder mit einem besonderen, individuellen „Computersystem".**

Ist es nicht so, dass unser emotionelles Gleichgewicht oft völlig durcheinander gerät, durch das, was wir über Fernsehen, Video oder Filmleinwand alles serviert bekommen?

Über Satellitenantennen wird uns mittlerweile die ganze Welt in unser Haus geliefert, ohne zu berücksichtigen, dass **der Firmenchef aus Chicago eine Nachricht ganz anders interpretiert, als die 16-jährige Bauerntochter auf ihrem Berghof in Südtirol.**

Der Sender bedenkt nicht, wie sehr seine Programme die Seele und die Psyche des Empfängers berühren.

Ich erinnere mich noch mit Wut an einen wissenschaftlichen Beitrag eines lokalen Fernsehsenders über Schilddrüsenkrankheiten. Mehrere Krebspatienten sprachen über ihr Leiden. Eine Dame erwähnte im Interview unglücklicherweise, dass ein Früh-Symptom dieser Krankheit ein Druck im Hals sei.

Diese medizinisch vollkommen falsche Aussage hatte zur Folge, dass in der nächsten Woche meine Praxis überfüllt war mit Patienten, die sich über Schilddrüsenprobleme beklagten und mich um eine Diagnose baten, da sie einen Druck im Hals verspürten und fürchteten, vielleicht selbst auch an diesem Schilddrüsenkrebs zu leiden.

Einige hatten sogar panische Angst, da sie seit dieser Mittwochabendsendung den ständigen Druck im Hals verspürten. So wurde ich gezwungen, Blutproben zu verschreiben und Ultraschall-Untersuchungen durchzuführen, um diese Patienten davon zu überzeugen, dass sie vollkommen gesund sind, und um sie alle wieder beruhigt nach Hause zu schicken.

Das ist nur ein Beispiel dieser Macht der Medien. Es beweist, wie **beeinflussbar**, wie **verwundbar** wir alle sind, besonders wenn es um Gesundheit und Medizin geht.

**Krankheit ist heute der Angstmacher Nummer eins.** Im Bereich Gesundheit häufen sich Bücher und Zeitungsartikel. Unter dem Motto „Brot für die Urangst des Menschen" wimmelt es geradezu von Illustrierten oder von so genannten Fachzeitschriften, die über unseren Körper und über die Medizin in allen Varianten recherchieren und informieren. Die Leute kaufen diese einschlägige Literatur und lesen alles über die verschiedensten Krankheiten, deren Symptome und Kuren. Sie werden dadurch nur beunruhigt und verunsichert. **Je mehr wir uns mit dem Thema „Krankheiten" auseinander setzen, umso kranker werden wir.**

Medizinstudenten könnten so manches über die Überbewertung von Symptomen und Beschwerden erzählen, über die mit kleinen Wehwehchen verbundene Angst, ernsthaft krank zu sein.

Ich erinnere mich noch gut an das „Pathologie-Studenten-Syndrom". Diese „Krankheit" zirkulierte während des vierten Studienjahres an der medizinischen Fakultät. Sie galt als Bezeichnung für sämtliche Erscheinungen und Symptome, die bei fast allen Studenten auftraten, die täglich mehr als zwölf Stunden über den Pathologiebüchern verbrachten und sich nur mit schlimmen Krankheiten befassten. Jeder von uns verspürte plötzlich irgendetwas Pathologisches: einen Schmerz im Bauch, der gleich als Magengeschwür bezeichnet wurde, einen vergrößerten Lymphknoten, der als Lymphom galt, länger anhaltende Kopfschmerzen, die große Angst vor einem Hirntumor hervorriefen.

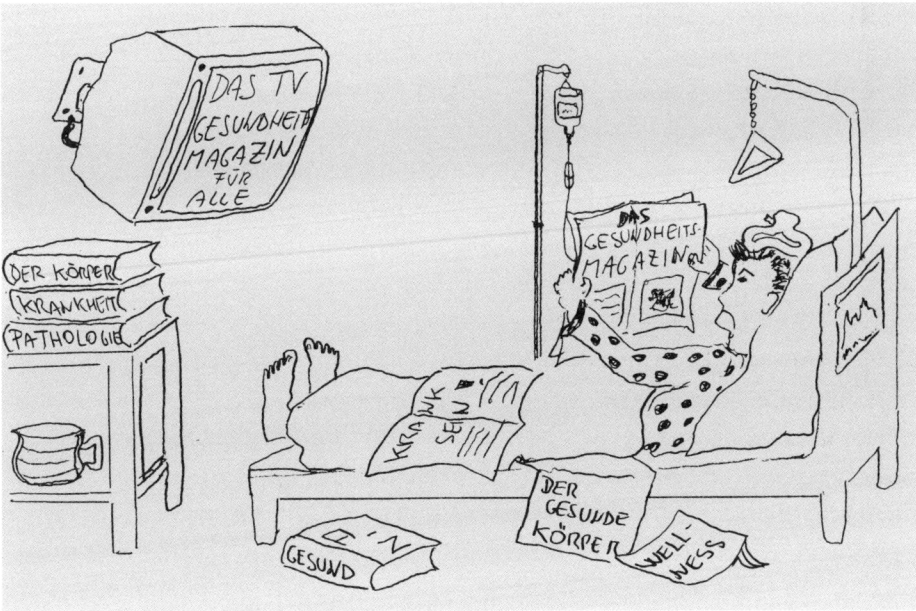

Um eine Diagnose zu erhalten und um Ängste loszuwerden, sind einige von uns im Labor oder in der Röntgenabteilung gelandet. Zum Glück war es ein älterer Kollege, der mit einem Lächeln die negativen Befunde bewertete: „Du bist kerngesund, du hast nur das Pathologie-Studenten-Syndrom!"

Ein Professor unserer Universität, der sich mit diesen Ängsten der Medizinstudenten auseinander gesetzt hat, sagte bei einer Vorlesung einen Satz, der mir im Gedächtnis geblieben ist:

„Ihr Mediziner habt inzwischen ebenso wie ein Großteil der Patienten vergessen, dass Gesundsein die Normalität und dass Krankheit die Ausnahme ist!"

Was uns die Medienwelt mit Zeitungen, Fernsehen, Radio, Internet und Videos täglich antut, das habe ich bereits geschildert. Es gibt aber noch eine ganze Reihe von „Tätern", die aus einer anderen Richtung kommen und genauso unsere Gedankenwelt bedrohen!

### Kurzgeschichte: Peter Schwarz geht zum Steuerberater

Herr Schwarz muss zum Steuerberater. Normalerweise ist das für ihn ein Kreuzgang. In seiner Schlamperei hat er die Finanzen schlecht unter Kontrolle. Deshalb muss er sich einmal im Jahr die Predigt seines Steuerberaters anhören, dass er alles falsch mache und dass es ihn bei einer eventuellen Kontrolle der Steuerbehörde teuer zu stehen kommen würde. Meist verlässt er das Büro des Steuerberaters um eine Stange Geld ärmer und um eine Portion Frust reicher, und es plagt ihn der ewige Zweifel, ob er als Aussteiger auf einem Segelschiff auf den Weltmeeren nicht glücklicher geworden wäre.

An diesem Tag aber ist alles anders! In letzter Zeit hat er sein Leben etwas umgekrempelt und scheint auch ruhiger und weniger konfus zu sein. Er besucht mit seinem Nachbarn Paul Weis einen Abendkurs über die Psychologie des Denkens und über das Entstehen von Gedanken. Er ist erst zwei Mal in dieser Denkschule gewesen und obwohl er anfangs sehr skeptisch war, kommt ihm jetzt das Ganze eigentlich gar nicht so dumm vor.

Außerdem schläft er seit dem Besuch des Kurses besser und scheint untertags mehr Energie zu haben. Er fühlt sich gesund und verspürt Lust, sich sportlich zu betätigen. Er geht wieder ins Fitness-Studio, diese Woche war er bereits zwei Mal dort.

An diesem Tag also sitzt er mit seiner Frau im Auto auf dem Weg zum Steuerberater. Sie stecken im üblichen Stau fest, doch dies scheint den beiden nichts auszumachen. Sie bewundern den strahlend blauen Himmel, der sie an ihren letzten Urlaub in der Toskana erinnert. Bald werden sie wieder ihre Ferien dort verbringen. Ihr Sohn Hansi wird natürlich mitkommen und freut sich schon darauf, dass sein Papi endlich etwas mehr Zeit für ihn haben wird.

„Nach dem Steuerberater gehen wir schnell zum Fahrradgeschäft. Ich möchte dem Hansi ein neues Rad kaufen, seines ist ihm mittlerweile einfach zu klein geworden. Ich sehe uns drei schon, wie wir durch die traumhaften Wälder der Toskana radeln werden."

Frau Schwarz schmunzelt zufrieden. So fröhlich und entspannt hat sie ihren Mann schon lange nicht mehr erlebt. Mittlerweile sind sie im Stadtzentrum angelangt. Herr Schwarz parkt sein Auto in der Tiefgarage, verabschiedet sich von seiner Frau, die sich in der Zwischenzeit einen Einkaufsbummel gönnen wird, und macht sich auf den Weg zum Steuerberater. Dieser war letzthin jedoch umgezogen und Herr Schwarz muss erst das neue Büro im Hochhaus suchen. Der blaue Himmel der Toskana ist immer noch mit ihm und so fährt er fröhlichen Herzens mit dem Aufzug in das fünfzehnte Stockwerk, so wie es ihm sein Steuerberater am Telefon erklärt hatte.

„Vom Aufzug nehmen Sie die zweite Tür links", hatte er gesagt, und da steht er auch schon vor der Tür. Sie ist nur angelehnt, Herr Schwarz klopft an und vernimmt sogleich eine freundliche Stimme.
„Herein, bitte, treten Sie ruhig ein."
Herr Schwarz dreht seinen Blick in Richtung Stimme, und da steht er nun, ein großer, gut aussehender Mann in weißem Kittel.
„Entschuldigen Sie bitte, ich suche aber …", entgegnet Herr Schwarz.
„Bitte, bitte, keine Entschuldigung, Sie kennen mich ja nicht. Mein Name ist Dr. Dunkel."
„Tja, Schwarz ist mein Name …! … ich suche …"
„Schon gut, man sucht immer jemanden, und ich weiß, dass Sie mich gesucht haben!"
„Nein, eigentlich, em, em, tja …"
„Ja, ich wusste es, Sie müssen Ihr Problem loswerden!"
„Problem?", Peter Schwarz blickt verblüfft in die Augen des Mannes in Weiß, der aber gleich fortfährt.
„Man sieht es Ihnen ja an, dass Sie nicht gesund sind."

„Nicht gesund, ich? Was heißt da: nicht gesund?"

„Wollen Sie etwa abstreiten, dass Sie schlecht verdauen und ein Problem mit der Galle haben?"

„Problem mit der Galle?", Herrn Schwarz läuft ein kalter Schauer über den Rücken.

„Wie kommt dieser Mensch auf den Gedanken, dass ich nicht gut verdaue?", denkt er und dreht sich wieder in Richtung Ausgang.

„Verspüren Sie nicht so einen dumpfen Schmerz in der Leber? ... und diese schwarzen Ringe unter Ihren Augen, seit wann haben Sie denn die?", fragt Dr. Dunkel weiter.

„Haben Sie einmal Ihre Niere kontrollieren lassen?"

„Schwarze Ringe? Niere? Tatsächlich, auch meine Frau hat mir gesagt, ich hätte am Morgen nach dem Aufstehen geschwollene Augen", überlegt Herr Schwarz.

Er bleibt plötzlich stehen und schaut mit schiefem Blick auf den großen Mann im weißen Kittel.

„Niere, nein, die habe ich nie kontrollieren lassen", antwortet er. „Aber eigentlich bin ich gerade auf dem Weg zu ..."

„... dem Weg zu Ihrem Grab, wenn Sie so weitermachen, lieber Mann! Kommen Sie, lassen Sie sich untersuchen bevor es zu spät ist. Bei Ihnen stimmt auch etwas mit dem Blutdruck nicht, das sehe ich an Ihren blauen Lippen. Ein EKG würde bestätigen, dass Ihre Herzkranzgefäße auch schon angefressen sind ..."

Herrn Peter Schwarz wird ganz mulmig zu Mute, alles dreht sich im Kopf und seine Knie werden weich. Schweigend taumelt er hinter diesem Dr. Dunkel ins Untersuchungszimmer. Nach einer gründlichen, einstündigen Untersuchung schwankt Herr Schwarz zum Aufzug, der ihn wieder hinunter zur Straße befördert. In der einen Hand hält er eine Liste von Untersuchungen, die er in den nächsten Tagen über sich ergehen lassen muss, vom Röntgenbild bis zur Computertomographie, vom Blutbild bis zum Allergietest; in der anderen Hand hält er einen Stoß von Rezepten für Medikamente, die er unbedingt einnehmen sollte.

„Ich wusste es, ich bin krank!", seufzt er, und mit jedem Schritt spürt er diesen neuen Druck in seiner linken Brust stärker. Diesen Druck hatte er eigentlich noch nie verspürt, doch Dr. Dunkel hatte ihm erklärt, dass auch sein Herz krank sein könnte, und vielleicht die Niere, und die Galle ...

Auf der Straße kommt ihm seine Frau strahlend entgegen.

„Endlich, Peter! Hat aber lange gedauert beim Steuerberater! Komm, es ist schon spät, wir wollten doch noch nach dem Fahrrad für Hansi schauen. Erinnerst du dich noch, Radfahren in der Toskana!"

„Kein Fahrrad, keine Toskana, ich bin krank, todkrank!"

Seine Frau hört erschüttert seinen Worten zu.

Die Sonne scheint am blauen Himmel, jenem Himmel, der sie vor kurzem noch an die Toskana erinnert hatte. Aber Herr Schwarz hat keine Augen für diesen strahlend blauen Himmel. Gestützt auf den Arm seiner Frau, geht er schweren Schrittes und betrübt zu seinem Auto zurück.

## Kommentar zu dieser Geschichte

Es gibt sie tatsächlich, diese Leute wie Dr. Dunkel, die ihrem Nächsten mit negativen Aussagen und Meldungen entgegentreten und ihn dabei bis ins tiefste Innere verletzen. Sie wirken wie ein Dämpfer für den Rest des Tages. So ging es auch Herrn Schwarz. Er, der sich ursprünglich so wohl gefühlt und auf die Tage in der Toskana gefreut hatte, ließ sich in ein Krankenhaus einliefern, aus dem er nach drei Tagen und nach zig Untersuchungen mit der Diagnose „Erschöpfungszustand" entlassen wurde.

Die Fahrt in die Toskana trat er mit einer Woche Verspätung an, nachdem er noch seinen Steuerberater aufgesucht hatte. Erst im Nachhinein hatte sich herausgestellt, dass der Steuerberater sein Büro im darüber liegenden Stockwerk hatte und dass Dr. Dunkel ein Geisteskranker war, der in der Rolle des Arztes mit weißem Kittel seit Wochen das ganze Hochhaus unsicher macht.

„Ende gut, alles gut", sagt Herr Schwarz.

Auch wenn Dr. Dunkel ein Verrückter war, gibt es in unserem Alltag häufig ähnliche Persönlichkeiten, die sich zwar nicht als Arzt ausgeben, aber dennoch einen starken Einfluss auf uns und auf unser Wohlbefinden haben.

## ■Die Miesmacher

Wer kennt sie nicht, die netten Bekannten, die einem auf der Straße begegnen und auf unser „Wie geht es dir?", gleich mit ihrem „Du siehst aber schlecht aus" antworten. Oder: „Geht es dir nicht gut? Hast du ein Problem bei der Arbeit? Du bist so blass!"

Nach einer derartigen Begegnung atmen wir meistens tief ein und schlucken dieses negative Bild, das ein Außenstehender von uns gemalt und uns entgegengeknallt hat, betroffen hinunter. Schleunigst suchen wir den erstbesten Spiegel auf, um zu sehen, ob wir wirklich blass, schlecht und müde aussehen. Eigentlich hatten wir uns gut gefühlt. Wie konnte dieser Bekannte nur sagen, wir sähen schlecht aus?

Auch wenn unsere „guten Bekannten" besonders einfühlsam zu sein glauben, bringen solche Aussagen überhaupt nichts, **sie kränken nur und schaden dem „Opfer" genauso wie dem „Täter".** Manche Menschen sind besonders sensibel und reagieren auf derartige Bemerkungen sehr stark.

In meine Praxis kommen immer wieder Patienten, um sich untersuchen und Blutproben verschreiben zu lassen, aber nicht, weil es ihnen schlecht geht – ganz im Gegenteil, sie fühlen sich sogar kerngesund – sondern weil **„die Leute" sagen, sie sähen schlecht aus.**

Zur Kategorie von Menschen, nach deren Begegnung wir uns nicht mehr wohl, sondern eher bedrückt und nachdenklich fühlen, gehören auch jene, die ein Gespräch etwa so beginnen:

„Hast du schon gehört, X hat einen Unfall gehabt, Y hat Krebs, in Indien hat ein Erdbeben 500 Menschenleben gefordert, im Park ist eine Frau vergewaltigt worden, beim Nachbarn haben die Diebe den ganzen Schmuck gestohlen, in den Lebensmitteln haben sie Blei entdeckt."

**Diese Art von Dialog führt ausschließlich zu einer Potenzierung negativer Bilder.** Menschen, die solche Gespräche führen, bezeichne ich als „Miesmacher".

Zu den „**Miesmachern**" zähle ich weiters noch eine dritte Kategorie von Menschen, und zwar jene, **die mit einem Satz alles zunichte machen, was wir ihnen mit Begeisterung erzählt haben.** Sie zerstören das, wovon wir schon ewig geträumt haben, und das, was wir uns mit Freude geleistet oder erworben haben.

So erzählt der eine von dem tollen Auto, das er letzte Woche beim Autohändler bestellt und bereits bezahlt hatte. Der andere antwortet:

„Diese Marke? Hast du nichts von den vielen Fabrikationsfehlern gehört, die gerade bei diesem Modell aufgetreten sind?"

Oder wenn es zum Beispiel um eine bevorstehende Reise geht: „Was, morgen fliegst du dorthin in Urlaub? Meine Bekannte war letztes Jahr zur selben Jahreszeit dort und da hat es immer nur geregnet!"

Zu den „**Miesmachern**" zähle ich auch jene Personen, **die den Tag nicht akzeptieren und folgende Meldungen von sich geben.**

Der eine sagt: „Super Wetter!", und sie entgegnen: „Viel zu heiß" oder: „Endlich schneit es!" und sie sagen: „Oh, jetzt werden die Straßen gefährlich"; oder: „Fein, den Regen hat es gebraucht!", und sie antworten: „Ist eh schon zu spät, es ist schon alles vertrocknet"; oder „Hurra, morgen gehe ich zum Skifahren!" und sie sagen: „Sieh zu, dass du dir bei den schlechten Schneeverhältnissen nicht das Bein brichst!"

Man sieht wie vielfältig diese „Miesmacher" sein können. Einem solchen, noch dazu einer Kollegin, erzählte ich unlängst, dass ich am darauf folgenden Tag zu einem Einsatz nach Kalkutta fliegen würde, wo wir ein Waisenheim für Straßenkinder betreuen. Ihre Antwort war: „Schau nur, dass dein Flugzeug nicht abstürzt und dass nicht auch deine Kinder zu Waisen werden."

Negatives an andere weiterzugeben, ist in unserer Gesellschaft leider sehr stark verbreitet. „Miesmacher" führen diese Art des Dialogs meist nicht in böser Absicht, sehr häufig ist sie eine gewohnte Form der Kommunikation. Vielleicht glauben sie dadurch interessanter, informierter, kritischer und gescheiter zu klingen. Aber diese **NIP (negativity inducing people)**, wie sie in der englischen Fachsprache oft bezeichnet werden, diese „Miesmacher", sind genau das Gegenteil von dem, was wir in unserem Alltag brauchen. **Mutmacher sind gefragt.** Das Leben ist so schon hart genug. Wir haben es nicht notwendig uns mit zusätzlichen negativen Inputs zu belasten.

„Salve!", das heißt **„Sei gesund!"** Das war die Begrüßung im alten Rom. Oder „Salaama!", also **„Friede sei mit dir!"**, wünschen sich die Araber bei einer Begegnung. Was für eine Gesundheit oder welcher Frieden wird einem mit der Bemerkung geschenkt: „Du siehst heute aber gar nicht gut aus" und „Du scheinst aber müde zu sein" oder „Hast du schon gehört, Herr X hat Krebs und dein Flugzeug könnte abstürzen".

Diese Phrasen, die so gleichgültig dahingesagt werden, ohne auch nur einen Augenblick darüber nachzudenken, wie diese Worte auf den Betroffenen wirken, sind schlimm!

Zu den **„Miesmachern"** zähle ich weiters auch jene Menschen, die nicht nur bei den anderen, sondern auch bei **sich selbst** nur das **Negative sehen.** Schon bei einer kurzen Begegnung erzählen sie von den Schmerzen im Bein, von den Problemen mit dem pubertären Sohn, vom Haarausfall, von der uninteressanten Arbeit im Büro, von der ständigen Abwesenheit des Ehepartners und von ihrer häufigen Migräne. Schlimm, all die negativen Bilder, die wiederum im Unterbewusstsein abgelagert werden.

Wenn wir für jeden positiven Gedanken einen Euro verdienen würden und für jeden negativen einen Euro bezahlen müssten, so würde jeder von uns sein Gedankengut wie eine Schatzkiste aufbewahren und beschützen.

Die Wirklichkeit schaut aber leider anders aus! Der Schaden, den wir in und um uns anrichten, ist enorm.

### ■Das gefährliche Spiel mit den Erinnerungen

Im Leben jedes einzelnen Menschen spielen Erinnerungen und Vergangenheit eine wichtige Rolle. Anhand verschiedener Erfahrungen lernt der Mensch, seinen Alltag besser zu meistern. Er zehrt von alten Erinnerungen, spricht, träumt, lacht und weint über sie. Je älter der Mensch wird, umso häufiger schwelgt er in der Vergangenheit. Manche Leute verbringen ganze Stunden damit, die Welt ihrer Erinnerungen zu durchqueren.

Erinnerungen lassen uns zu sensiblen Romantikern werden. Sie ebnen häufig die rauen Wogen unserer Tage und sind ein unentbehrlicher Bestandteil unseres Gedankenguts.

Im zweiten Kapitel habe ich bereits erklärt, wie der Erinnerungsvorgang abläuft. Wir alle erinnern uns noch genau an die Ereignisse des heutigen und gestrigen Tages, aber wahrscheinlich etwas weniger an das Geschehen der letzten Wochen. Wenn wir dann zeitlich einige Monate zurückgehen, dann lässt oft das Gedächtnis nach.

Der Grund dafür ist, dass die Bilder, die wir heute gedacht haben, noch an der Oberfläche des Topfes unseres Unterbewusstseins liegen. **Je mehr Zeit vergeht und je mehr neue Erlebnisse nachfolgen, desto tiefer sinken die alten Bilder im Gedanken-Topf ab** und desto weniger erinnern wir uns an sie. Bestimmte Bilder vergessen wir vollkommen, auch wenn sie für immer in unserem Unterbewusstsein gespeichert bleiben.

Durch den Erinnerungsprozess holen wir alte Bilder wieder aus dem Topf heraus und visualisieren sie von neuem. **So werden diese Bilder wieder aufgefrischt und verstärkt.** Und genau hier liegt das Problem!

Erinnerungen können angenehm und erfreulich sein, sie können aber auch schmerzhaft und traurig sein, wie zum Beispiel der Gedanke an eine verstorbene Person, an ein besonders negatives Ereignis, an einen Misserfolg. Hier heißt es aufpassen!

**Wer sich in solchen Erinnerungen verliert und immer wieder das gleiche Bild aus dem Topf herausholt, kann sich von diesem meistens nicht mehr trennen.** Das Bild des Leidens, das uns jedes Mal von neuem verwundet, wird zu einer Dauervorstellung, einem Wahn.

Jedem von uns sollte bewusst sein, dass wir mit dem Herausholen von Erinnerungen achtsam umgehen sollten!

Eine traumatische und traurige Erfahrung kann nicht ausgelöscht werden, aber wir können sie in unserem Unterbewusstsein **in Ruhe liegen lassen,** mit der Gewissheit, dass die Zeit viele neue, erfreuliche Lebenserfahrungen nachschieben wird.

Die negative Erinnerung gerät auf diese Weise immer mehr in Vergessenheit, denn die Zeit heilt bekanntlich alle Wunden.

**Grübeln und sich negative Erinnerungen immer wieder vor Augen zu führen, erneuert und verstärkt das, was wir eigentlich vergessen möchten.** Wir müssen lernen zu akzeptieren, dass das Geschehene Teil unserer Vergangenheit ist. **Richten wir darum unseren Blick in die Zukunft, denn wichtig ist, was von jetzt an passiert!**

# Die Gebote des gesunden Denkens

*Information heißt, dem Menschen zu helfen,*
*Gutes vom Bösen zu unterscheiden*
*und das Gute nachahmenswert erscheinen zu lassen.*
Peter Hahne, „Schluss mit lustig"

## Erstes Gebot: Deckel zu!

Wir kommen nun zum wichtigsten Teil dieses Buches. Nachdem die Dynamik des Denkens analysiert wurde, sind wir zum Schluss gekommen, dass unsere Gedanken wichtig sind, vor allem, dass unser Unterbewusstsein nur dann gesund bleiben kann, wenn wir positiv denken. Wir können die vielen Einflüsse der Außenwelt, die uns negativ beeinflussen und belasten, nicht verleugnen. Durch unsere Urangst sind wir ständig verwundbar, weil wir immer noch um unser Überleben bangen. **Die Flut von Informationen, die uns täglich ungefiltert einholt, ist kaum mehr zu bewältigen.**

### ▪Ungefilterte Meldungen

Mittwoch, 16. April 2003, am Morgen. Die ganze Familie ist bereits aufgestanden. Meine Frau ist schon aus dem Haus gegangen, um unsere Töchter in den Kindergarten und in die Schule zu begleiten. Ich sitze in der Küche vor einer Tasse heißem Kaffee und streiche mir ein Honigbrot.

Draußen ist ein schöner Frühlingstag. Die Laaser Spitze, der höchste Berg, den ich von meinem Haus aus sehen kann, ist noch schneebedeckt und glitzert im blauen Morgenhimmel. Die Natur beginnt wieder zu erwachen und die ersten grünen Gräschen sprießen aus der Erde. Das Tal sieht nach einem langen und harten Winter wieder der wärmeren Jahreszeit entgegen.

Ich spüre es auch bei der Arbeit. Den Patienten in meiner Praxis geht es allgemein besser. Sie sind zum Großteil guter Laune und spüren das Ende der kurzen und eintönigen Wintertage am eigenen Körper.

Ich selbst freue mich an diesem Morgen auf meine Arbeit. Mein mich voll ausfüllender und abwechslungsreicher Beruf bringt täglich wieder etwas Neues mit sich. Jeder Patient bringt neues Leben, und das ist auch für mich wichtig!

Während ich mir eine zweite Tasse Kaffee vom Herd hole, schalte ich aus reiner Gewohnheit das Radio an, um eine schöne Musik zu hören.

Da ertönt der alte Beatles-Song „Good day, sunshine", der hervorragend zu diesem Frühlingsmorgen passt. Ich schenke den Kaffee ein, das Lied verklingt und es beginnen die Nachrichten des lokalen Senders. Ich schlürfe noch meinen Kaffee und hänge der guten alten Beatles-Zeit nach, als sich schon die Meldungen des Tages über mein Honigbrot legen: „Autounfall in Griechenland, ein Schulbus mit 23 Kindern an Bord wurde von einem Lastauto gerammt." Mir bleibt das Brot im Hals stecken. „Der Lastwagen, der mit schweren Stahlträgern beladen war, ist seitlich auf den Autobus gekippt und hat 16 Kinder enthauptet."

Ein Schauer läuft mir über den Rücken und es wird mir schlecht. Nach einer kurzen Pause geht es weiter:

„Irak – Bagdad, im Krieg …"

Ich stürze zum Radio und reiße das Kabel aus der Steckdose.

„Habe ich das nötig?", frage ich mich. So viel Grausamkeit zu Beginn des Tages! Mir geht es schlecht und ich bin wütend. Am liebsten hätte ich in der Sendestation angerufen, um dem verantwortlichen Chefredakteur meinen Ärger ins Gesicht zu schleudern.

Was bringt so eine Nachricht, außer Schmerz? Macht sie mich zum informierteren Menschen? Werden die Kinder, deren tragischer Tod so genau beschrieben wurde, durch das Entsetzen der Zuhörer wieder lebendig?

Würde sich etwas an den Umständen ändern, wenn diese Nachricht von niemandem gehört oder erst gar nicht gesendet würde? Gehört dies vielleicht zur so häufig zitierten Berichterstattungspflicht der Medien? Da frage ich mich wirklich: **Um welche Pflicht geht es da?** Hat nicht jeder

von uns seinem Nächsten und der Allgemeinheit gegenüber gewisse ungeschriebene Regeln der Ethik, der Moral, der Wahrung der Privatsphäre und des Respekts einzuhalten?

Solche Nachrichten bringen uns gar nichts und tragen auch nicht dazu bei, unseren Alltag besser zu meistern. Im Gegenteil, sie hinterlassen nur Traurigkeit, Pessimismus und unnütze Ängste.

Das sollte den Chefredakteuren und allen Journalisten endlich einmal klar werden! Vor allem sollten sie sich bewusst werden, welche vernichtende Macht, welchen zerstörerischen Einfluss sie auf Tausende von Menschen am anderen Ende der Leitung ausüben.

So eine Nachricht, die außer Leid nichts vermittelt, darf nicht ohne jegliche Rücksicht auf die Opfer, deren Angehörige und nicht zuletzt auf die Zuhörer in alle Windrichtungen hinausposaunt werden. **Sie ist nichts anderes als Müll, Müll für unsere Ohren, unsere Gedanken, unsere Seele und für unser Gemüt!**

Als Hörer komme ich mir wie ein Mülleimer vor, in den alles hineingeworfen werden darf und der all das aufnehmen muss. Wir brauchen uns nicht darüber zu wundern, dass wir am Abend ausgelaugt und energielos ins Bett fallen, nachdem wir den ganzen Tag fast pausenlos die negativen Nachrichten aus aller Welt verarbeiten mussten. Wir brauchen auch nicht darüber erstaunt zu sein, dass wir uns vielfach zu einem nörglerischen Kritiker entwickeln, der jedes Geschehen gleich mit einer negativen Bewertung abstempelt.

Das Negative schleicht sich langsam in unser Wesen ein, bis es schließlich zum Hauptbestandteil unseres normalen Denkens wird.

Da fällt mir der 11-jährige Junge ein, der von seinem Vater begleitet in meine Praxis kam. Grund der Visite war, dass der Bursche als schlechter Schüler galt, weil er sich nicht konzentrieren konnte. Der Vater erzählte, dass sein Sohn nie ausgehen und immer zuhause bleiben würde. Seine Nachmittage würde er zwischen Computer und Fernsehen verbringen. Auf meine Frage, wieso er nicht mit den anderen Buben Fußball spiele, antwortete der Kleine mit frechem Blick: „Wissen Sie, Herr Doktor, wie sehr man sich beim Fußballspielen verletzen kann …? Haben Sie von dem Fußballspieler gehört, der beim Training tot umgefallen ist?"

Nachrichten haben also auf uns alle ihren Einfluss. Die Auswirkungen auf die Psyche des Einzelnen sind manchmal erschreckend.

## ■ Deckel zu zum ersten Mal!

Wir kommen jetzt zum **ersten Gebot,** welches sich auf die Medienwelt und auf Informationen im Allgemeinen bezieht.

Der Topf unseres Unterbewusstseins, der ungefiltert alles aufnimmt, muss einen Deckel bekommen, und das auf schnellstem Weg!
Jetzt heißt es: „**Deckel zu, mein lieber Leser, Deckel zu!**"

Wir brauchen Ruhe vor den Medien und vor der täglichen Neurose des Wissens. **Tun wir einmal so, als gäbe es keine Nachrichten!** Wir würden auf einmal bemerken, dass sich in unserer vertrauten Umgebung nichts Wesentliches verändert. Wir könnten uns mehr auf unseren Alltag, auf die uns nahe liegenden Dinge konzentrieren, weil wir von der Flut der negativen Weltmeldungen nicht mehr abgelenkt würden.

Der italienische Satiriker und Komiker Beppe Grillo behauptete einmal bei einer seiner Vorführungen, dass Nachrichten nicht existieren, sofern wir sie nicht hören oder nicht lesen.

Versuchen wir einmal die Zeitungen am Kiosk nicht zu kaufen, Radio und Fernsehen ausgeschaltet zu lassen! Gönnen wir unserem schwer angeschlagenen Unterbewusstsein einmal eine Pause und lassen es kurz aufatmen. Vielleicht hören wir uns ein schönes klassisches Konzert oder einen alten Beatles-Song an!

Lassen wir doch die Eltern in Griechenland in Ruhe um ihre Kinder trauern! Mögen sie die Särge zu Grabe tragen, ohne dass Paparazzi-Fotografen noch schnell ein paar Bilder schießen, um sie am nächsten Tag in allen Zeitungen und im Fernsehen zu veröffentlichen und sie dadurch in unsere Privatsphäre einzuschleusen!

### ■Die Giftquelle im eigenen Haus: Deckel zu zum zweiten Mal!

Wir haben bis jetzt schon einiges über Müll, Müllwerfer und Mülleimer gehört. Einem der größten Müllproduzenten des modernen Lebens, der Fernsehindustrie nämlich, möchte ich ein ganzes Kapitel widmen.

Aufgrund meiner Einsätze in Entwicklungsländern bin ich häufig mit dem Flugzeug unterwegs. Im Start- und Landeanflug sind wir über zahlreiche Städte und Dörfer der Welt geflogen.

Ob es nun Europa, Afrika, Asien oder Amerika war, von der Luft aus gesehen, haben alle Ortschaften etwas gemein: Aus fast allen Dächern ragt ein Wald von verzweigten Eisenkonstruktionen empor, ein Wald von Antennen. Niedere und hohe Antennen ebenso wie runde Satellitenantennen sind mittlerweile zur Fahne unserer Gebäude geworden.

In jedem Haus steht der leuchtende und verkabelte Flimmerkasten – die Nabelschnur zur Welt schlechthin. Mit eben diesem Kasten, dem Fernsehapparat, will ich endlich einmal abrechnen!

Er steht im Wohn- oder Speisezimmer, ein zweiter vielleicht im Schlafzimmer und ein dritter sogar in der Küche. Wie gebannt sitzen wir alle da, jeder für sich, wie gelähmt und gaffen auf den Bildschirm. Mit weit offenen Augen und heruntergezogenen Mundwinkeln starren wir auf ihn.

Hätten wir einen Spiegel, so würden wir sehen, wie blöd wir aussehen, und uns dafür schämen.

Fälschlicherweise glauben wir, uns vor dem Flimmerkasten zu entspannen, aber genau das Gegenteil ist der Fall. Das Farben- und Bildermeer hypnotisiert zwar unseren Geist, aber wir werden dabei müde, **denn der Kasten saugt Energie aus uns heraus, wie der Blutegel das Blut.**

Wenn wir nach stundenlangem Glotzen endlich den Apparat erschöpft ausschalten, weil wir bereits eingeschlafen sind oder weil der Finger vom endlosen „Zappen" und Herumschalten weh tut, sind wir gereizt und ausgelaugt. Wir werden dann von dieser Flimmerwelt unvermittelt wieder in unser normales Leben katapultiert. Wir stehen meist mit ausdruckslosen Augen da, denn die eigene Welt erscheint uns jetzt leer und farblos.

Das Fernsehen saugt die Lebenslust aus uns heraus, weil wir immer nur passiv zuschauen, wie die anderen aktiv sind, während unser Leben stillsteht.

In diesem apathischen Zustand, in dem alle möglichen Programme auf uns einwirken, erscheinen zu guter Letzt noch die Nachrichten auf dem Bildschirm mit Berichten über Unfälle, Kämpfe, Tote, Streit und politische Lügen.

**Wie soll unser Hirn kreativ und positiv arbeiten? Es geht immer um unsere 9000 täglichen Bilder!** Besorgniserregend ist vor allem die Tatsache, dass das Fernsehschauen zu einem Familien-Hobby geworden ist.

### ■ Psst...! Sei still!!!

Als Arzt werde ich häufig zu Hausbesuchen gerufen. Ich komme so in die verschiedensten Häuser, Kleinwohnungen, Bauernhöfe oder Luxusvillen. Egal zu welcher Tageszeit, der Fernseher läuft fast immer.

Ich sehe sie, wie sie dort sitzen, vor der Flimmerkiste, den Opa, die Oma, die Mutter, die Kinder, und wenn einer ein Wort sagt, dann zischt der andere gleich: „Pst – sei still! Ich kann nichts verstehen, wenn du sprichst.", und damit fällt jeder Dialog diesem Kasten zum Opfer.

Und wenn man dann sieht, wie eine ganze Familie, anstatt in Ruhe zu essen und über dies und jenes zu sprechen, ihre Mahlzeit wortlos vor dem Flimmerkasten einnimmt und zum Beispiel den Terror im Nahen Osten mit hinunterschlucken muss, dann wird einem wieder einmal bewusst, dass dieser Kasten regelrecht das **Kommando in unserem Leben übernommen hat.**

Was kann man dagegen tun, **außer ihn abzuschalten und damit den Deckel unseres Eimers zu schließen?** Dies ist zwar nicht einfach und einige von uns werden es wie eine Entziehungskur empfinden, aber glauben Sie mir, ein „geschlossener Deckel" vor dem Fernsehen vermittelt uns plötzlich ein anderes Bild von der Welt.

Meistens dauert die Entwöhnung ein paar Tage. Vielleicht ist es sogar notwendig, den Fernseher in den Keller zu verbannen, aber Sie werden sehen, wie viel Zeit Sie auf einmal für sich selbst und für andere übrig haben, was Sie nun alles tun können und wie viel neue Lebensfreude in Ihnen aufkommt.

## ■Ohne Programm kein Leben?

Einen interessanten Zwischenfall haben die New-Yorker im Juni 1977 erlebt. Für 25 Stunden gab es einen totalen Stromausfall, was für den fernsehsüchtigen Amerikaner einer Katastrophe gleichkam.

Wie sehr das gesellschaftliche Leben dadurch „erschüttert" und beeinflusst wurde, darüber gibt eine interessante Statistik Aufschluss. Neun Monate nach dem Black-out war die Geburtenrate in New York um fast 25 Prozent gestiegen.

Ein Beweis dafür, dass es sich auch ohne Flimmerkasten ganz gut leben lässt und dass die Menschen sehr wohl noch in der Lage sind, sich ihr eigenes Programm zu gestalten.

## ■Kinderhirn

Bangalore/Südindien – Slum von Ulsore
Wer einmal einen Slum gesehen hat, wird diesen Eindruck niemals mehr vergessen: die Anhäufung von Baracken aus Wellblechwänden, Plastikdächern und Kartonböden, das Menschengewimmel mit den vielen nackten oder in Lumpen gekleideten Kindern, der unheimliche Schmutz, der Gestank der offenen Abwassergräben. Dies ist die Realität vieler Großstädte.

Im Jahr 2001 war ich im Slum von Ulsore tätig, einem offiziell nicht anerkannten Vorort der indischen Computer- und Software-Metropole Bangalore. In der schwülen Sommerhitze quälte ich mich von einer armseligen Baracke zur anderen. Beim Vorbeigehen an einer dieser Hütten fiel mir auf, dass sie sich etwas stabiler präsentierte als die anderen.

In diesem Haus musste jemand leben, der nicht ganz so arm war, wie seine Nachbarn. Ich bemerkte eine elektrische Leitung, die, über das Dach gezogen, in das Haus verlief. Vielleicht war es mein neugieriger Blick, der die Hausbewohner dazu bewog, mich in das Haus zu bitten. Als ich die Türschwelle dieser düsteren Hütte überschritt, kam mir zuerst eine übel riechende Luft entgegen. Langsam gewöhnten sich meine Augen an die Dunkelheit. Ich ging ein paar Schritte weiter und plötzlich sah ich in der Ecke eine Gruppe von Kindern hocken. Eng zusammengerückt saßen sie ganz ruhig am Boden und starrten alle auf einen winzig kleinen Fernsehapparat. Sie waren fasziniert von den weiß-schwarz flimmernden Bildern. Gerade erschien ein Werbespot über ein neues Auto, das Nissan auf den Markt gebracht hatte. Die Kinder ließen sich durch mein Eintreten nicht stören. Wie hypnotisiert saßen sie vor dem kleinen und schlecht funktionierenden Kasten.

Ich werde dieses Bild nie mehr vergessen. Im Haus gab es kein fließendes Wasser, einzig die „Schnur zum Nabel der Welt" war gelegt und voll in Betrieb.

**Was wird wohl im Hirn dieser Kinder vor sich gehen, die sich in keiner Weise mit dieser Scheinwelt identifizieren können und die niemals das erreichen werden, was diese magischen Bilder ihnen zeigen?**

Dieses Beispiel der Slum-Kinder gab mir sehr zu denken und ich fragte mich, wie oft eigentlich auch unsere eigenen Kinder hier hypnotisiert und fasziniert vor dieser Flimmerkiste sitzen.

„La strage degli innocenti", das Massaker der Unschuldigen, so lautet der Titel eines Buches von Angelo Quattrocchi, einem italienischen Autor. Er beschreibt die Auswirkungen und Folgen der Fernsehkultur auf unser Leben und besonders auf die Psyche unserer Kinder.

Tatsächlich sind Kinder mit ihrem noch fast **intakten Speicher-Topf** so aufnahmefähig, dass **jedes Bild wie eine Atombombe auf ihr sensibles und labiles Unterbewusstsein wirkt.**

Wir Erwachsene sind uns dessen nicht bewusst und sind manchmal sogar froh darüber, nun endlich Ruhe zu haben, und kaufen den Kindern sogar noch Videokassetten, Kindercomputer mit den dazugehörenden Computerspielen, damit sie ja mit dem Trend mithalten können und up to date sind. Schließlich und endlich müssen sie ja früh genug lernen, mit dieser Technologie umzugehen. Und sie tun dies auch, sie lernen schnell und verbringen Stunden vor dem Bildschirm, fasziniert und gleichzeitig paralysiert. Sie bewundern eine Welt, von der sie nicht verstehen, ob sie Wirklichkeit oder nur eine Fiktion ist. Bis zum Alter von vier Jahren können Kinder nicht zwischen Virtuellem und Reellem unterscheiden. Ein Beweis dafür ist, dass ein kleines Kind immer versucht, den Hund anzufassen, der gerade am Bildschirm erscheint.

**Welche Bilder kann ein Kind überhaupt verkraften, ohne dass seine Seele verwundet wird?**

Die Antwort darauf finden manche Eltern erst, wenn sie beobachten, dass auf einmal mit ihrem Kind etwas nicht mehr stimmt. Sie gehen zum Arzt oder zum Kinderpsychologen, weil das Kind nicht mehr zu Bett gehen will, weil es in der Nacht aufschreit, weil es wieder mit dem Bettnässen beginnt, weil es Angstzustände verspürt, weil es hyperaktiv, unkonzentriert oder auch gewalttätig geworden ist. Kinder bekommen zum Beispiel Angst vor dem Fliegen, und Eltern wissen nicht mehr, was sie mit ihrer bereits gebuchten Bali-Reise anfangen sollen.

Im pubertären Alter bekommen besonders Mädchen häufig Probleme mit ihrem Körper und dem Essen; sie werden magersüchtig, weil ihre Formen nicht denen der perfekten Idealfrau am Bildschirm entsprechen.

Bedauerlicherweise kann es sogar so weit kommen, dass Kinder die Gewalt und Grausamkeit nachahmen, die sie in den verschiedenen Fernsehsendungen wie ein Spiel erlebt haben. Aber dieses Thema ist uns allen bereits bekannt!

**Depressionen im Kindesalter sind inzwischen auch kein Tabu mehr.** Das „British Medical Journal" schlägt Alarm mit der Meldung, dass Kinder schon im frühen Alter Antidepressiva verschrieben bekommen.

Ob und wie sich Kinderärzte und Kinderpsychologen mit der Frage auseinander setzen, wie viele Stunden der junge Patient vor dem Fernseher, Computer oder Internet verbracht hat, ist nicht bekannt.

Gewiss ist, dass die neuen Informationstechnologien, die ungefiltert die schlimmsten Bilder in unser Haus bringen und einen immer größer werdenden Stellenwert in unserem Leben einnehmen, eine **große Verantwortung am psychischen Gleichgewicht der Jugend** tragen.
**Bei Kindern gilt das Motto „Deckel zu!" ganz besonders, es geht nämlich um ihre Existenz, ihre Zukunft und ihr Leben!**

### ■Mit Filter

Dem einen oder anderen von Ihnen drängt sich jetzt vielleicht die Frage auf, ob der Mensch das Zeitunglesen, Fernsehschauen und Radiohören vollkommen einstellen sollte, um gesund und ausgeglichen zu sein.

Meine Antwort dazu ist, dass Sie sich selbst beobachten und analysieren müssen, um zu verstehen, was Sie brauchen, was Sie verkraften können und was Ihnen gut tut.
Auf jeden Fall ist es wichtig, dass **Sie** entscheiden, was **Sie** sich ansehen und anhören wollen, ohne sich wahllos von allem, was gedruckt und gesendet wird, überrollen zu lassen.
Es gibt sicherlich sehr viele nützliche Informationen, die unser tägliches Leben verbessern können.

Die Meldung zum Beispiel, dass ein Geisterfahrer auf der Autobahn unterwegs ist, mahnt uns zu erhöhter Vorsicht und veranlasst uns, keine Überholmanöver zu tätigen. Unnütz und schockierend hingegen ist die genaue Schilderung darüber, wie sieben Menschen durch einen Geisterfahrer schuldlos ums Leben gekommen sind.

Ich möchte auch nicht jeden Journalisten wegen „Schwarzmalerei" verurteilen. Es gibt viele Reporter, die positive Berichte und Reportagen produzieren. Kultursendungen, Dokumentarfilme und das eine oder andere Unterhaltungsprogramm können lehrreich und unterhaltsam sein und unseren Geist und unser Leben bereichern. Sehr häufig jedoch genügt das Lesen der Zeitungsüberschriften schon, um zum Schluss zu kommen, dass es nicht nötig ist, die brutalen Details über die Misshandlung und Tötung eines jungen Mädchens zu lesen. Manchmal genügt ein kurzer Blick auf den Fernsehschirm, um die Entscheidung zu treffen, dass es besser ist, den Kasten auszuschalten, um dem eigenen Gemüt die Trauer der Familienangehörigen des Mordopfers zu ersparen.

Manchmal ist es für das Seelenleben besser, ein gutes Buch zu lesen als zum x-ten Mal die bedrückende Situation im Nahen Osten zu verfolgen. Die Dosierung dessen, was Sie sich ansehen und anhören wollen, die können Sie am besten täglich selbst regeln. **Für das eigene Wohlbefinden sind auf jeden Fall ein starker Filter und persönliche Zensur unumgänglich!**

## ■Distanz zu Miesmachern: Deckel zu zum dritten Mal!

Das Prinzip „Deckel zu!" gilt ganz besonders jenen Menschen gegenüber, die wir als „Miesmacher" bezeichnet haben. Es ist zwar traurig, Personen aus unserem Leben ausschließen zu müssen, aber manchmal ist es für unser Wohlbefinden unumgänglich, einen weiten Bogen um Leute zu machen, die einen negativen Einfluss auf uns haben.

Besonders schwierig ist dies bei den eigenen Familienangehörigen, und es wäre empfehlenswert, hier etwas diplomatischer vorzugehen. Es gibt einfach Situationen im Leben, in welchen man dieses „Deckel zu!"-Prinzip nicht anwenden kann. Vielleicht könnten wir in solchen Fällen versuchen, mit den jeweiligen Personen darüber zu besprechen.

**Menschen, die dauernd mit negativen Aussagen um sich werfen, befinden sich selbst in einer schlechten Verfassung und könnten jemanden gebrauchen, der sie endlich einmal aufrüttelt!**

## ■Redensarten – Deckel zu zum vierten Mal!

**Wir Menschen haben alle eines gemeinsam: Wir sind beeinflussbar und reagieren auf unsere Mitmenschen. Die wechselseitige Kommunikation zwischen uns und unserer Außenwelt ist unglaublich wichtig, denn Worte sind nicht Luft! Oft sind sie schwer, sogar schwerer als Blei.**

Darum müssen wir die Art zu kommunizieren unserer allgemeinen positiven Grundhaltung anpassen.

Redensarten wie „Du schaust schlecht aus" sind für den Empfänger nicht gerade aufbauend. Ebenso erzeugt diese Äußerung in jenem, der sie von sich gibt, ein weiteres negatives Bild.

**Also, nichts wie weg von dem, was uns und auch anderen weh tut!**
So wird es von nun an bei einer Begegnung lauten: „Du siehst blendend aus" oder „Man sieht, dass es dir gut geht" oder „Deine neue Frisur steht dir aber gut" oder „Die Farbe deines Schals passt so richtig zu dir".

Nach einer solchen positiven Äußerung sieht der Mensch in unseren Augen meist wirklich besser aus als nur wenige Augenblicke zuvor. Auch ihm hat unser kleines Kompliment gut getan und er trägt es freudestrahlend mit sich fort.

Hat jemand etwas Neues erworben, so könnte der Kommentar folgendermaßen lauten: „Ach, du hast das Auto gekauft? Da hast du sicherlich einen guten Kauf gemacht und ich freue mich für dich!"

Wenn es um Zukunftspläne geht, so könnte man zum Beispiel sagen: „Das wird sicher gut gehen und du wirst sicherlich alles bestens meistern."

Dasselbe gilt im Umgang mit Kindern. Wenn ein Kind zum Beispiel hinfällt oder ihm etwas misslingt, so sagen wir am besten: „Es ist ja nichts passiert" oder „Versuch es noch einmal, diesmal geht es bestimmt schon etwas besser".

Wie bei allen neuen Situationen, die einer gewissen Umstellungszeit bedürfen, werden Sie auch hier anfangs einige Schwierigkeiten haben, das Erklärte tatsächlich umzusetzen. Vielleicht fühlen Sie sich verunsichert und fürchten, Ihr kritischer Sinn könnte verloren gehen, weil Ihre Aussagen nicht der Realität entsprechen.

**Aber welche Realität ist die wahre? Das Glas bleibt immer gleich voll, unabhängig davon, ob Sie es als halb voll oder halb leer bezeichnen.**

Erinnern Sie sich doch bitte an das alte Sprichwort „Wie man in den Wald hineinruft, so hallt es wider!"
Sie werden merken, dass Ihnen nach einigen Wochen der positive Dialog gar nicht mehr schwer fällt. Ganz im Gegenteil, Sie werden ihn unbewusst und spontan anwenden. Plötzlich werden Ihnen Menschen schöner und besser vorkommen, ohne dass Sie sich belügen müssen. Sie werden alles positiver sehen, die Menschen werden ganz spontan auf Sie zukommen und ihre Umwelt wird auf einmal völlig anders auf Sie wirken.

5

# Zweites Gebot: Die Konzentration

*Was du tust, das tue ganz*

*Ein in der Meditation erfahrener Mann wurde einmal gefragt, warum er trotz seiner vielen Beschäftigungen immer so gesammelt sein könne.*

*Dieser sagte:*
*Wenn ich stehe, dann stehe ich*
*Wenn ich gehe, dann gehe ich*
*Wenn ich sitze, dann sitze ich*
*Wenn ich esse, dann esse ich*
*Wenn ich spreche, dann spreche ich ...*

*Da fielen ihm die Fragesteller ins Wort und sagten:*
*Das tun wir auch, aber was machst du noch darüber hinaus?*

*Er sagte wiederum:*
*Wenn ich stehe, dann stehe ich*
*Wenn ich gehe, dann gehe ich*
*Wenn ich sitze, dann sitze ich*
*Wenn ich esse, dann esse ich*
*Wenn ich spreche, dann spreche ich ...*

*Wieder sagten die Leute: Das tun wir doch auch.*

*Er aber sagte zu ihnen:*
*Nein,*
*Wenn ihr sitzt, dann steht ihr schon*
*Wenn ihr steht, dann lauft ihr schon*
*Wenn ihr lauft, dann seid ihr schon am Ziel.*

*Volksgut*

## ◼Konzentration

Wenn Sie dieses Buch mit Interesse verfolgen, so ist beim Lesen dieser Zeilen eines unerlässlich: **Konzentration.** Sie ist die wichtigste Eigenschaft bei der Ausübung einer Arbeit oder eines Sports, beim Erlernen eines Musikinstruments oder einer sonstigen neuen Tätigkeit.

**Konzentration bedeutet, seine Sinne, seine ganze Aufmerksamkeit auf das zu fokussieren, was man gerade tut.**
Wenn ich zum Beispiel auf einem Pferd reite, so bin ich dann konzentriert, wenn ich jedes kleinste Detail wahrnehme, das Pferd, seine Reaktionen, seinen Gemütszustand, seine Nervosität, wie ich die Zügel halte, wie der Weg beschaffen ist, über den ich reite. Meine Konzentration ermöglicht es mir, gut zu reiten und einen Hals- oder Beinbruch zu vermeiden. **Ich bin also bei der Sache!**
In dieser Welt der tausend Ablenkungen ist es sehr schwierig, konzentriert zu sein und Konzentration zu wahren. **Der Homo erectus war vor zwei Millionen Jahren ein Meister der Konzentration.** Er war dazu gezwungen, denn schon eine kleine Ablenkung hätte ihm wahrscheinlich das Leben gekostet. In der gegenwärtigen Zeit leben wir mit dem Kopf in den Wolken oder mit den Gedanken bei vielen verschiedenen Dingen, die ständig unsere Aufmerksamkeit verlangen.

In der Annahme, Zeit zu gewinnen, versuchen wir gleichzeitig mehrere Tätigkeiten auszuführen und an verschiedene Dinge zu denken. Dadurch verlieren wir unsere Konzentration und sind nicht mehr bei der Sache. Menschen unserer Generation, welche sich mit der einen Hand die Haare käm-

men, während sie mit der anderen im Kochtopf die Suppe umrühren, zwischen Schulter und Ohr das Telefon eingeklemmt haben, um im Restaurant einen Tisch zu reservieren, gleichzeitig im Fernsehen die Wetterprognosen verfolgen und dem Sohn zurufen, er soll endlich einmal Ruhe geben, werden als „Simultanten" bezeichnet.

Das Bilderchaos, welches durch die vielen gleichzeitigen Aktivitäten in unserem Gehirn entsteht, ist leicht vorstellbar.

**Unser Denken gerät außer Kontrolle, wenn unsere Aufmerksamkeit und unsere Konzentration nicht vorhanden sind.**

Genau dies ist der springende Punkt. In unserer modernen und hochtechnisierten Welt wird es immer schwieriger, **eine** Sache mit Konzentration und Aufmerksamkeit zu verfolgen. Von den Dingen rasch gelangweilt, suchen wir immer wieder nach etwas Neuem.

Darunter leidet unser Kurzgedächtnis. Wir vergessen alles Mögliche. Typische Beispiele dafür sind die Autoschlüssel, die wir überall im Haus suchen, die vermisste Brille, die auf unserer Nase sitzt, das Handy, das wir irgendwo liegen gelassen haben, die Information, die wir unserem Partner geben wollten, die wir aber vergessen haben. Es passiert auch, dass wir eine Telefonnummer wählen und uns nicht mehr erinnern, wen wir anrufen wollten, dass wir im Lebensmittelgeschäft stehen und vollkommen vergessen haben, was wir kaufen wollten. Mir selbst ist es sogar passiert, dass ich in Gedanken versunken mit zwei verschiedenen Schuhen zur Arbeit gegangen bin. Meine Assistentin ging kürzlich mit ihrem Fahrrad in den Supermarkt hinein und wurde sich dessen erst bewusst, als die anderen Kunden sie erstaunt anstarrten.

Passiert es Ihnen auch, dass Sie an sich zu zweifeln beginnen und Ihre Vergesslichkeit einer Gehirnerweichung und einer beginnenden Altersschwäche zuschreiben? Trösten Sie sich, den jungen Mensch geht es auch nicht viel besser.

Lehrer beklagen sich immer häufiger über mangelnde Konzentration und Aufmerksamkeit während des Schulunterrichts. Sie können einiges über das ADS, das Aufmerksamkeits-Defizit-Syndrom erzählen, welches in der Medizin bereits als Pathologie behandelt wird.

ADS ist eine Krankheit, die angeblich einer technologisch geförderten permanenten Informationsüberdosis zugeschrieben wird und die zu kurzen Aufmerksamkeitsspannen führt. Schüler sind häufig nicht mehr imstande, für längere Zeit ruhig zu sitzen und den Lehrern zuzuhören. Sie sind nervös und lassen sich leicht von etwas anderem ablenken.

Bereits das Kinderhirn ist für seine Verhältnisse schon überfüllt und weigert sich, Neues aufzunehmen. Das darf uns nicht wundern, wenn wir bedenken, wie viele Stunden Kinder und Jugendliche mit ihren Augen am Bildschirm des Computers oder des Fernsehers hängen.

Ich bin jedes Mal von neuem erstaunt, wenn ich sehe, wie schnell und sicher sie die neuen Technologien der Informatik beherrschen. Ich bewundere sie, mit welcher Geschicklichkeit sie den Computer benützen oder mit dem Handy SMS verschicken.

Der Fortschritt hat es bereits möglich gemacht, über das Handy die normalen Fernsehprogramme zu verfolgen. Während dies für die Informatik nur eine weitere technische Errungenschaft ist, stellt dies für unsere Kinder einen vermehrten mentalen Stress und einen daraus resultierenden zusätzlichen Konzentrationsverlust dar.

**Darum meine Empfehlung: Weniger ist besser! Vor allem: Weniger, dafür aber konzentrierter, ist besser!**

Durch Konzentration können wir unser Denken wieder in geordnete Bahnen lenken und das Chaos in unserem Gehirn beruhigen. Konzentration verhindert wilde Gedankensprünge und setzt dem konfusen Gedanken-Pingpong, vor allem dem negativen, ein Ende. Ein konzentriertes Gehirn neigt weniger dazu, negative Gedanken aufkommen zu lassen. Es hat keine Zeit dazu, denn es muss sich auf etwas anderes konzentrieren.

Beobachten Sie einmal ein Kind beim Malen oder beim Basteln und Sie werden staunen, wie konzentriert es in seiner Fantasiewelt aufgeht. Es lässt sich durch nichts ablenken und muss sogar von seiner Mutter mehrere Male zum Essen gerufen werden. **Das ist Konzentration!** Sie können sicher sein, dass ein Kind, das vollkommen bei seiner Sache ist, nur wenige Gedanken an andere Dinge verschwendet. So ergeht es auch dem Erwachsenen,

der auf etwas konzentriert ist. Sein Gehirn hat fast keine Chance, andere Bilder zu produzieren, geschweige denn negative!

Leider zwingt uns die moderne Zeit immer mehr in Arbeitsbereiche,
in denen gezieltes Fachwissen verlangt wird und in denen unsere Tätigkeiten oft zu einer monotonen und langweiligen Routine werden.

So ergeht es zum Beispiel dem Fabrikarbeiter, der immer die zwei gleichen Gewinde der Montagekette kontrollieren muss, und ebenso dem Pilo-
ten eines Jumbojets, der stundenlang im Cockpit mit seinen Gedanken allein
ist. Im Vergleich zu diesen Herren ist der Bergbauer, der mit seiner Sense
die Wiese mäht und dem vor Anstrengung die Schweißperlen auf der Stirn
stehen, ein **Privilegierter.**

Je mehr  Technik und Maschinen unseren persönlichen Einsatz, unsere Fantasie und Kreativität überflüssig erscheinen lassen, desto mehr brauchen
wir zum Ausgleich Aktivitäten, die uns wieder mitreißen, begeistern und
uns zur Konzentration zwingen.

Daher finden viele Menschen ihren Ausgleich, indem sie in der Freizeit den unterschiedlichsten Hobbys nachgehen. Vom Modelleisenbahn-
bauen zum Vögelzüchten, vom Tauchen zum Sammeln von Münzen, vom
Häkeln zum Malen, vom Liederschreiben zum Kochen suchen sie in den
verschiedensten Aktivitäten ihren inneren Ausgleich.

Diese Tätigkeiten führen uns häufig zurück in unsere Kindheit, in der
wir noch fast ohne Ablenkung voll konzentriert spielen durften.

Hobbys sind heute mehr denn je ein wichtiger Bestandteil unseres Lebens, denn sie tragen dazu bei, unser Gleichgewicht und unsere innere Ruhe wieder zu finden. Ganz egal ob wir musizieren, basteln, im Garten arbeiten, Handwerken, malen, Fotoalben kleben oder ein Buch lesen, **Hobbys tragen zu unserer Entspannung und zu unserem Wohlbefinden bei.** Daher sollten wir uns während der Freizeit möglichst solchen Aktivitäten widmen, anstatt vor dem Fernseher oder dem Computer zu versumpfen.

## ■ Die Natur

Die Natur wird des Öfteren auch als Wiege der Menschheit bezeichnet. Aufgrund seiner Lebensbedingungen war der Mensch noch vor 100 Jahren mehr naturverbunden, als wir es heute sind. In den 60er Jahren, der Hippy-Ära, hat der Mensch sein Bedürfnis „Zurück zur Natur" wieder neu entdeckt.

Mittlerweile hat er verstanden, dass die von ihm erbauten Städte aus Beton und Asphalt die Lebensqualität beeinträchtigen und der Psyche schaden.

Durch die Anlage neuer Grünflächen und Parks, die Begrünung von Stadtzentren und die Anpflanzung von Blumen und Bäumen in Wohngegenden wird versucht, die Städte wieder etwas menschenfreundlicher zu gestalten. Doch der Mensch sucht immer mehr die Nähe zur Natur! Warum wird dieses Bedürfnis in ihm immer stärker, warum bräuchte er eigentlich noch mehr Natur um sich?

Nach der Arbeit in der Praxis gönne ich mir am Abend meistens noch einen Spaziergang. Ich habe das große Glück, einen wunderschönen Wald nur fünf Minuten von meiner Praxis entfernt zu haben. Oft bin ich völlig erschöpft und vom Tagesgeschehen, der Hektik der Notfälle, vom Andrang der vielen Patienten, die mir ihre kleinen und großen Leiden ans Herz legen, vollkommen ausgelaugt.

In dieser Verfassung gehe ich in meinen vertrauten Wald und spaziere auf dem Weg, den ich mittlerweile auswendig kenne, und das Rauschen des Bächleins begleitet mich dabei. Während der ersten Gehminuten nehme ich um mich herum gar nichts wahr, weder die Bäume noch den Duft des feuchten Moosbodens, noch das Zwitschern der Vögel. Mein aufgewühltes Gehirn verarbeitet das Tagesgeschehen und dreht sich in alle Richtungen. Viele unzusammenhängende Bilder des Tages erscheinen bunt gemischt vor meinen Augen.

Nach einiger Zeit aber lässt meine Anspannung nach und die Bäume holen mich zu sich. Sie umarmen mich und besänftigen meine Seele mit ihrer natürlichen Ruhe. Nach etwa 20 Minuten spüre ich eine Veränderung in mir. Ich konzentriere mich ganz auf die Gegenwart und kann schließlich meine wirren Gedanken verdrängen. **Auf einmal sehe ich die Natur wieder,** ich bin mir endlich bewusst, dass es Abend ist, dass ich durch meinen geliebten Wald gehe, der mich täglich wieder zu mir selbst zurückführt. Dann fließen auch wieder die positiven Bilder, ich sehe das Bächlein, rieche den Duft der Bäume, höre das Singen der Vögel.

Dieser tägliche Spaziergang ist mein „Treibstoff", meine Energie. Ich gehe entspannt, gut gelaunt und mit Freude nach Hause zu meiner Familie.

Die Leute, denen ich manchmal auf meinem Spaziergang begegne, kennen meine Angewohnheiten und scherzen: „Der Doktor geht schon wieder in seinen Wald!" Ich lache mit ihnen und bin froh darüber, dass ich mich nicht, wie viele andere gestresste Väter oder Mütter es tun, vor den Fernseher hocke, um mich zu entspannen. Wenn ich das täte, so würde ich wahrscheinlich am folgenden Tag in der Rolle des Herrn Schwarz aufwachen und die Welt schwarz sehen.

Der Kontakt und der Bezug zur Natur sind unverzichtbar für alle, die ihr Leben positiv gestalten wollen. In einer Zeit der Reizüberflutung und des Informationsüberflusses stellt die Natur den ausgleichenden Gegenpol für die Menschheit dar. **Der Hektik unserer hochtechnisierten Welt steht die Ruhe der Natur gegenüber.** Sie ist für all jene da, die sie suchen. Sie ist neutral und bringt Frieden in unsere Tage.

Menschen begegnen ihr auf verschiedene Art und Weise. Gleichgültig ob auf einem Spaziergang durch den Stadtpark, einer Expedition durch die Wüste, einer Weltumsegelung oder einer Bergbesteigung – **Hauptsache ist, der Mensch findet durch das Naturerlebnis wieder zu sich selbst.**

Der Extrembergsteiger Reinhold Messner beschrieb in einem seiner Bücher sein eigenes Bedürfnis, durch das Gehen in freier Natur sein Gehirn zu entgiften und seine Seele rein zu waschen. Das Gehen und die physische Herausforderung sind ihm wichtig, um wieder zu sich selbst zu finden.

Körperliche Anstrengung ist ein weiteres Hilfsmittel, um sich auf den Augenblick zu konzentrieren und um alles Belastende und Negative zu verdrängen.

## ■ Physische Aktivitäten, Anstrengung und Sport

Wenn wir die Broschüren der verschiedensten Reiseveranstalter durchblättern und die diversen Angebote zur Freizeitgestaltung betrachten, so ist es für einen „Normal-Denkenden" fast unverständlich, welche verrückten Aktivitäten angeboten werden. Unter Abenteuerurlaub werden Adventure Trips durch den Dschungel, Canyoning und Rafting auf reißenden Flüssen, Eisklettern, Bungeejumping und vieles mehr verkauft.

Wenn man die gewollt gefährlichen, extremen und fast schon primitiven Verhältnisse dieser Abenteuererlebnisse bedenkt, so fällt einem wohl wieder die Lebensweise der Steinzeitmenschen ein. Auch sie mussten sich in der Wildnis zurechtfinden und reißende Flüsse überqueren, doch sie taten dies, um zu überleben.

Dasselbe machen wir heute freiwillig auf der Suche nach Abenteuern, nur damit wir uns im Urlaub nicht langweilen und endlich auch wieder etwas Spannendes erleben. **Der Mensch, der jahrtausendelang versucht hat, die Natur zu zähmen, sucht jetzt, freiwillig den primitiven Kampf und die Herausforderung mit ihr.**

Grenzt dies an Masochismus, oder ist dieser innere Drang zur physischen Anstrengung ein neuer Weg, unseren Stress abzubauen und unsere Seele zu befreien? Meine Antwort darauf ist, dass wir durch unser simuliertes Zurückgehen in die Steinzeit wieder das finden, was wir in unserer technologisierten Welt verloren haben, nämlich die **Konzentration.**

Bei physischen Herausforderungen in der Natur setzt der Mensch wieder seinen Körper und seine Muskeln ein. Er ist vollkommen konzentriert, während er seine Kraft gegen jene der Natur ins Spiel bringt. Am Ende eines naturverbundenen Tages ist der Mensch zwar körperlich erschöpft und todmüde, aber psychisch fit und zufrieden. Genau das Gegenteil davon verspürt er nach einem Tag vor dem Bildschirm: Er ist vollkommen gereizt, psychisch erschöpft und physisch unterfordert.

Jetzt verstehen wir vielleicht die vielen Menschen besser, die abends beim Spazierengehen, Joggen oder Radfahren ihren „inneren Schweinehund" loswerden wollen. **Die sportliche Leistung, die wir erbringen, zwingt uns zur Konzentration.**

Während wir unsere Atmung, unseren Puls, unseren Schritt, unsere Herzfrequenz und die Beanspruchung unserer Muskeln und Gelenke spüren, nimmt die Bedeutung unserer Gedanken ab.

Physische Anstrengung und sportliche Betätigung retten uns genauso, wie die Natur.

Das Schwitzen während dieser zurückgelegten Kilometer befreit unseren Geist. Dabei spielt die Ausschüttung der körpereigenen Endorphine eine wichtige Rolle.

Dr. Strunz, der deutsche Arzt der Jogging-Bibel, spricht vom körpereigenen Kokain, das beim Joggen ausgeschüttet wird. Tatsache ist, dass nach einer sportlichen Aktivität unser Geist und unsere Seele so richtig aufblühen.

Wir haben also verschiedene Möglichkeiten, um unsere Konzentration zu erlangen und um unsere Aufmerksamkeit auf die Gegenwart, auf das Hier und Jetzt zu richten.

Beim Tagträumen sind wir mit unseren Gedanken in der Zukunft oder in der Vergangenheit. Wir verpassen die einzig wahre Zeit, die Gegenwart, denn die Vergangenheit ist bereits vorbei und die Zukunft ist noch nicht hier!

# Das Reisen und die Entdeckung der Gegenwart

Um den ewigen Alltagstrott zu unterbrechen und um endlich einen Tapetenwechsel herbeizuholen, entscheiden viele von uns, für ein paar Tage in eine fremde Stadt zu fahren oder sogar für einige Wochen ein fremdes Land zu bereisen. Schon nach einem Kurzurlaub kommen wir meist zufrieden und um viele Erfahrungen und Erlebnisse bereichert zurück. Auch wenn der Städtebummel, die Museumsbesuche, die Flugreise in ferne Länder anstrengend waren, so fühlen wir uns dennoch entspannt und gehen mit neuer Energie die üblichen Herausforderungen unseres Arbeitsalltags wieder an.

Dieser Elan, diese neue Lebenskraft und Energie, die wir getankt haben, kommt daher, dass die Auslandsreise, die Begegnungen mit neuen Menschen und Kulturen, die Besichtigung von Kirchen und Denkmälern **unsere ganze Aufmerksamkeit beanspruchen und uns zu ständiger Konzentration zwingen.** Alle unsere Sinne werden durch die neuen Erfahrungen vollkommen gefordert.

Der wahre Grund, warum wir uns im Urlaub entspannen ist der, dass wir uns voll und ganz auf die vielen neuen Eindrücke bei Tag und sogar auf das neue Bett und das andere Bad in der Nacht konzentrieren und dabei unseren Alltag und unsere belastenden Gedanken von zu Hause vergessen. **Wir geben unserem Gehirn keine Chance zum Grübeln und Denken.**

Reisen, Natur, Sport und physische Anstrengung verhelfen uns also zur Konzentration auf die Gegenwart.

Manchmal jedoch befinden wir uns in einer Situation, in welcher wir nicht so einfach auf diese Hilfsmittel zurückgreifen können und in welcher wir unserem Gedankenchaos nicht entrinnen können.

In einem solchen Fall müssen wir versuchen, durch Disziplin und durch Denkaufgaben unsere Konzentration wieder zu erlangen.

**Um konzentriert zu sein, müssen wir wieder lernen, wie ein Kind den Augenblick wahrzunehmen, den wir gerade erleben.**

Wir müssen wieder zu uns selbst finden und uns ständig fragen: „Wo bin ich zur Zeit?", „Was tue ich in diesem Augenblick?". Öffnen wir die Augen weit und konzentrieren wir uns auf alle unsere Sinne. Versuchen wir, so gut wie möglich, etwas Interessantes, etwas Positives an dem Augenblick zu entdecken, den wir gerade leben.

Sie werden staunen, aber es gibt tatsächlich in jeder Situation irgend etwas Schönes, doch entdecken müssen wir es selbst!

Um bei der Suche nach etwas Positivem erfolgreich zu sein und um unsere Konzentration zu steigern, gibt es einige kleine Tricks!

### ■Einfache Konzentrationsübungen

#### Wo ist der Himmel?
Wir stehen im Stau zwischen den Hochhäusern der Stadt und unsere Augen suchen das einzige Stück Natur, das uns erfreuen könnte, den Himmel. Der Himmel ist fast immer sichtbar, er ist nie eintönig, oft hat er eine schöne blaue Farbe, manchmal wird er von bizarren Wolken verdeckt. Ein Stück Natur kann in uns die Wende zum Positiven auslösen.

#### Wo ist der Baum?
Die Suche nach etwas Grünem kann uns weiterhelfen, wenn der Himmel zu trostlos und grau erscheint. Auf dem Fensterbrett befindet sich vielleicht eine Grünpflanze, am Straßenrand ein hoher Baum oder uns gegenüber ein Rasen. Dies sind Teile der Natur, an denen wir in diesem Augenblick festhalten können und die uns zu positiven Gedanken verhelfen. Grün ist eine Farbe, die beruhigt.

#### Wer ist die/der Schönste im ganzen Land?
Dieses Spiel können wir anwenden, wenn wir irgendwo mit vielen Leuten Schlange stehen und warten müssen: vor dem Bankschalter, im Wartesaal beim Arzt, vor dem Ticketschalter am Bahnhof. Anstatt nervös an all das zu denken, was wir eigentlich erledigen müssten, geht es bei dieser Übung darum, das Schöne an jedem Menschen zu entdecken, zum Beispiel die blonden Haare des Fräuleins nebenan, die schwarzen Augen des Bankbeamten, das schöne Kleid des kleinen Mädchens und der weise Blick

der alten Dame. Nach einiger Übung fällt dieses Fokussieren auf das Schöne an jedem Menschen immer leichter.

Diese drei Beispiele können uns in Situationen helfen, in denen es ansonsten schwer wäre, unsere Gedanken auf etwas Positives zu konzentrieren. Es ist sicherlich besser, eine Wolke am Himmel zu betrachten, als sich mit dem Gedanken zu befassen, dass die Welt im Stau untergehen wird, sich am freundlichen Lächeln der Dame am Schalter nebenan zu erfreuen, als sich über die zwanzig Leute, die noch vor uns stehen, zu ärgern. **Es geht immer nur um unsere 9000 täglichen Bilder, vergessen Sie das nie!**

### ■Das „Nicht-sehen-Wollen" und wie man schwarze Bilder verdrängt

Nach all diesen Beispielen zur Kunst des Denkens ist uns hoffentlich allen klar geworden, dass unser Gehirn **eine ständige Kontrolle braucht.**

Es ist manchmal ein Sekundenspiel und schon wieder ertappen wir uns in düsteren Gedanken vertieft. Gleichzeitig kommen dann auch noch negative Erinnerungen in uns hoch und unser bereits angeknackster Gemütszustand sinkt noch weiter ab.

Das „Dunkle" lauert im täglichen Leben allzu oft auf uns, doch wir sind uns dieser Gefahr nicht genügend bewusst! Von nun an sollte dies nicht mehr so sein! **Schwarze Bilder sind Gift für unser Leben, darum müssen sie systematisch verdrängt werden, jedes Mal wenn sie auftreten.** Das ist oft gar nicht so einfach zu bewerkstelligen. Auch dieses „Verdrängen" muss erlernt sein!

Erinnern wir uns noch einmal an das Beispiel zur dritten Regel über unsere Gedankenbilder, in welchem es darum ging, einen Apfel „nicht" zu sehen? Der Apfel erschien aber dennoch auf unserer Gedankenleinwand!

Diese Übung veranschaulicht, dass unser Denken das Wörtchen „nicht" auf keinen Fall akzeptiert. **Unser Gehirn registriert zwar den Inhalt des Befehls, es visualisiert aber den verneinenden Teil der Aufforderung nicht.** Wenn wir also einen negativen Gedanken nicht visualisieren wollen oder wenn wir uns eine schmerzhafte Erinnerung nicht vergegenwärtigen wollen, so funktioniert dies keinesfalls, indem wir unserem Gehirn den Befehl geben, „nicht" an dieses Ereignis zu denken, denn dadurch drängt sich dieses Bild erst recht in unseren Gedanken auf.

Ein einfaches Beispiel dazu betrifft den Raucher, der seine schlechte Angewohnheit loswerden will und sich in den Kopf setzt, „nicht" mehr an die Zigarette zu denken. Das Bild der Zigarette erscheint mehr denn je in seinen Gedanken. Um den verhassten Glimmstängel nicht immer vor Augen zu haben, muss ein anderes Bild visualisiert werden, zum Beispiel ein Bild, in welchem er mit Freude den Duft einer Rose tief einatmet und dabei seine Lunge mit Sauerstoff und Energie füllt. **Die Gedanken machen es aus!**

Wie oft zerbrechen wir uns den ganzen Tag lang den Kopf mit etwas, das wir gerne vergessen würden? Wie viele Leute tragen einen belastenden Gedanken Tag und Nacht mit sich herum, befassen sich ständig nur mit diesem Problem und erzählen jedem von ihrem Leid, bis ins kleinste Detail?

Ist dies nicht wieder purer Masochismus, dass wir es diesem Schmerzensbild erlauben, uns stets zu begleiten? Es bricht in unsere Welt ein, sobald wir am frühen Morgen die Augen öffnen, und verlässt uns auch nicht während der Nacht, die wir meist schlaflos verbringen. Unser Leben wird zur Hölle, wir werden depressiv und der Schmerz überschreitet oft die Grenze des Erträglichen. Dass dann manchmal Selbstmordgedanken aufkommen, ist leicht verständlich.

**So weit wollen wir es aber nicht kommen lassen! Darum müssen wir täglich an uns arbeiten, um diese dunklen Bilder und negativen Gedanken zu verdrängen.** Sobald wir uns ihrer bewusst werden, müssen wir sie sofort unter die Lupe nehmen und etwas dagegen tun!

Nach einer kurzen Analyse unseres Negativ-Bildes müssen wir beginnen, das Problem von **einer anderen Seite zu betrachten,** vielleicht von der Seite des Herrn Weis mit dem halb vollen Glas. Versuchen Sie, so wie er es tut, das dunkle Bild durch ein helles, erfreuliches und positives Bild zu ersetzen. Nur so wird es Ihnen gelingen, das Negative nicht mehr zu sehen und es somit wirklich zu verdrängen.

Wenn Sie also nicht mehr an eine Situation denken wollen, in der sie sehr gelitten haben, und wenn Sie diese wirklich vergessen wollen, dann müssen Sie versuchen, im Erlebten trotz allem etwas Positives zu sehen; jedes Mal, wenn die Erinnerung in Ihnen hochkommt, sollten Sie sich gleich dieses positive Bild vor Augen halten.

### Beispiel 1:

Ihr Haus ist von Dieben heimgesucht worden und sie haben Ihnen den ganzen Schmuck gestohlen. Denken Sie, dass Sie den Schmuck lange genug getragen haben, oder dass es ein Glück war, dass Ihnen die Räuber nicht die wertvollen Skulpturen Ihrer Großmutter gestohlen haben, oder dass es eigentlich „gute" Räuber waren, die Ihnen zumindest nicht wie üblich die ganze Einrichtung zerstört haben.

### Beispiel 2:

Sie haben Ihre Ersparnisse an der Börse verloren, weil Sie sich von einem Bankbeamten zu dieser Investition überreden ließen. Denken Sie, dass es dieses eine Mal auch Sie erwischt hat und dass Sie aus dieser Erfahrung viel gelernt haben. In Zukunft werden Sie es anders machen.

### Beispiel 3:

Ihr/e Partner/in hat sie wegen einer/m anderen Frau/Mann verlassen. In Ihrem Liebeskummer sollten Sie nicht ständig mit der Vorstellung dieser beiden, die sich lieben, herumlaufen. Leider treibt uns die Eifersucht meist zu solchen Gedanken, doch besser ist es, Sie stellen sich vor, wie Sie dem/der anderen Mann/Frau danken, dass er/sie Sie endlich von einer Beziehung befreit hat, die Sie unglücklich gemacht hat.

Beispiel 4:

Sie sind mit Ihrem Unternehmen in Konkurs gegangen und haben nur noch Schulden. Denken Sie, dass Sie Ihr größtes Kapital, Ihre Gesundheit, nicht verloren haben. Dies ist der wahre Reichtum, um den Sie zahlreiche Menschen, die viel Geld besitzen, beneiden. Gesund sein bedeutet, Kraft für einen Neuanfang zu haben. Die bedeutendsten Erfolgsleute haben irgendwann in ihrem Leben auch einmal eine finanzielle Schlappe einstecken müssen, sie haben daraus gelernt und sind letztendlich doch als Sieger hervorgegangen.

Beispiel 5:

Es hat Sie stark erwischt. Sie liegen mit einer Lungenentzündung im Bett und der Arzt hat Ihnen eine dreiwöchige Bettruhe verordnet. Bedenken Sie, dass diese plötzliche Krankheit Ihnen die Möglichkeit gibt, einmal über vieles nachzudenken und Ihr Leben zu analysieren. Ihr Körper will Ihnen vielleicht etwas mitteilen und Ihnen ein Signal geben. Vielleicht ist es auch gut, einmal den täglichen Wettkampf in unserer Existenz zu unterbrechen und sich mit dem „Wesentlichen" zu befassen.

Jetzt werden Sie vielleicht denken: „Der hat es leicht mit seinen Beispielen!" Tatsächlich ist es manchmal notwendig, das Positive buchstäblich zu „erfinden", um die negativen Gedanken zu stoppen. Die Technik, das „Glück im Unglück" zu suchen, hilft einem dabei sehr! Auch beim erschütterndsten Ereignis kann man immer wieder den Satz heranziehen: „Es hätte auch schlimmer sein können ...!"

Es gibt fast immer etwas Schlimmeres, das uns eigentlich hätte zustoßen können. Vergessen wir das nie!

Diese Einstellung mag vielleicht „naiv" und „oberflächlich" erscheinen, aber ich bin in solchen Momenten lieber naiv und oberflächlich als zu einem späteren Zeitpunkt traurig und depressiv!

Außerdem heißt es ja auch: „Wenn ein Schmerz zu dir kommt, frag dich, was er von dir will!"

Viele Menschen auf dieser Welt könnten uns von ihren schweren Schicksalsschlägen berichten, die im Moment unüberwindbar erschienen, die ihrem Leben aber nach mehreren Jahren zu einem positiven Wandel verholfen haben.

# Drittes Gebot: Meditation und mentales Training

> *Die beste Prüfung,*
> *wie es mit Ihrer Bewusstheit steht,*
> *ist, sich zu fragen:*
> *„Wie habe ich die letzte, die eben vergangene Stunde gelebt?"*
>
> Anthony De Mello

## ■Einleitung

Wir haben nun gelernt, den Deckel unseres Gehirns vor gewissen negativen Einflüssen zu schließen. Wir haben gelernt, unser Denken auf die Gegenwart zu konzentrieren und negative Bilder zu verdrängen. Nun kommen wir zur dritten Säule unseres Wohlbefindens, zum Heilmittel für die Seele, zur **Meditation.**

Wenn wir von Meditation sprechen, so werden einige Leser gleich an einsame Mönche und Klöster denken, an Einsiedler, die in entlegenen Grotten ihre Tage in einem trance-ähnlichen Zustand verbringen. Die Meditation, von der ich aber spreche, ist eine Form der Entspannung, die in der westlichen Welt mittlerweile von sehr vielen Menschen praktiziert wird, um der eigenen Seele Ruhe und positive Bilder zu schenken.
  Berühmte Persönlichkeiten, Filmschauspieler, Musiker, Sportler und Politiker sprechen offen darüber, dass sie mindestens einmal am Tag meditieren oder mentales Training praktizieren, um dem Druck ihres beruflichen und persönlichen Lebens Stand halten zu können.

Was ist Meditation nun eigentlich?
Meditation ist in erster Linie ein Weg zur Entspannung. Sie ist aber noch viel mehr als nur eine einfache Form der Entspannung. Beim entspannten Menschen wandern die Gedanken häufig unkontrolliert in die verschiedensten Richtungen. Bei der Meditation und beim mentalen Training hingegen wird unser Denken bewusst auf ganz bestimmte positive Bilder gelenkt.

Es ist also ein aktives und geordnetes Denken, eine Medizin für unsere Seele. Entspannung ist der erste Schritt in jeder Meditation.

Was geschieht in unserem Gehirn, wenn es sich entspannt?

### ■Was wir über unser Gehirn wissen sollen

In den letzten 50 Jahren hat die medizinische Forschung durch die moderne Technologie des Neuroimaging die unterschiedlichsten Aktivitäten des Gehirns analysiert und erforscht. Es wurde erkannt, welche Teile des Gehirns bei der Bildung gewisser Gedanken oder bei der Ausübung bestimmter Tätigkeiten beansprucht werden. Dabei wurde entdeckt, **dass die linke Gehirnhälfte größtenteils für das rationelle und analytische Denken zuständig ist.**

Sie sendet elektrische Impulse mit einer bestimmten Wellenlänge und einer gewissen Geschwindigkeit aus, die als **Beta-Wellen** bezeichnet werden. Die Beta-Welle ist also die Welle des rationell denkenden und wachen Menschen.

**Die rechte Gehirnhälfte hingegen ist für das kreative und künstlerische Schaffen, für Intuitionen und Gefühle zuständig.** Der elektrische Impuls, der von der rechten Gehirnhälfte ausgesandt wird, ist langsamer als die Beta-Welle. Man bezeichnet ihn als **Alpha-Welle,** die Welle der Entspannung, der Kreativität und der Gefühle. Sie spricht für unsere emotionelle Seite.

Alpha-Wellen treten meistens kurz vor dem Einschlafen und vor dem Aufwachen ein. Während des Schlafens verlangsamt das Gehirn seine Aktivitäten noch mehr. Die dadurch erzeugten elektrischen Impulse bilden zwei weitere Wellen, die Theta- und Delta-Wellen. Diese stehen, im Gegensatz zu den ersten beiden Wellen, nicht in unserem Einflussbereich.

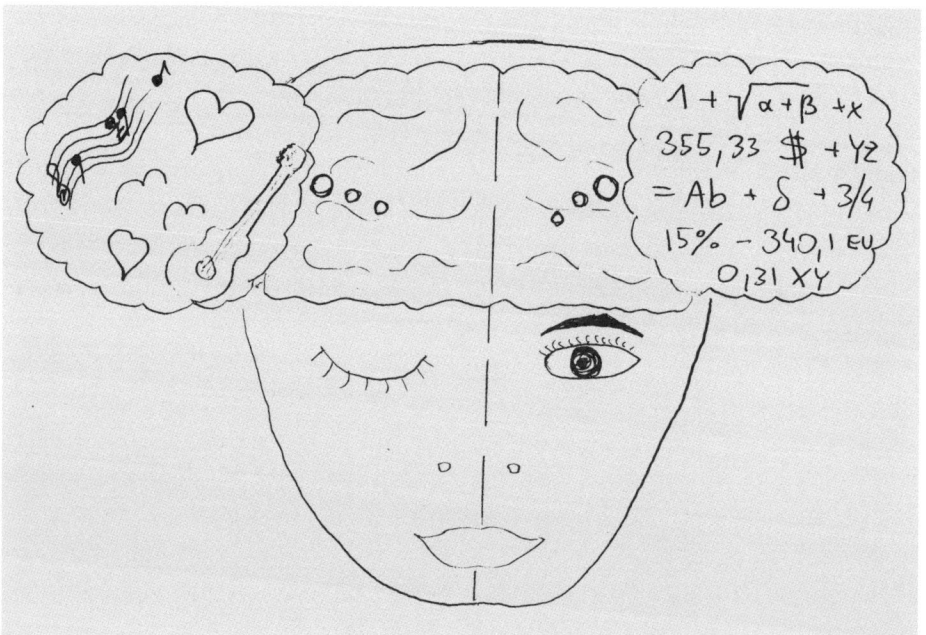

Die Neuropsychologie hat also erkannt, dass der Mensch sein Gehirn auf zwei verschiedene Arten betätigen kann und dass er über zwei Geschwindigkeiten verfügt, mit denen er entweder schnell, wach und oberflächlich oder langsam, entspannt und vertieft denken kann.

Neueste Studien sprechen sogar von **zwei verschiedenen Gehirnen,** einem emotionalen und einem kognitiven, die im Menschen koexistieren. Das eine kontrolliert die Gefühle und die instinktiven Körperfunktionen, das andere reguliert Wahrnehmung, Sprache und Denken.

Um als Mensch ausgeglichen und gesund sein zu können, ist ein Gleichgewicht zwischen Fühlen und Denken, zwischen der rechten und der linken Gehirnhälfte, zwischen Alpha- und Beta-Welle, zwischen langsamem und schnellem Denken sehr wichtig.

Leider verliert der moderne Mensch diese Balance allzu häufig, da er vorwiegend auf seiner rationellen Beta-Welle lebt. **Er verbringt den Großteil des Tages auf rationelle Weise, er rechnet und schreibt, analysiert und programmiert. Für die Alpha-Welle, also für Kreativität und Intuition, bleibt dem Erwachsenen nur noch wenig Zeit übrig.**

Psychologische Studien haben ergeben, dass während bei Kindern 90 Prozent der Denkvorgänge in Alpha ablaufen, dies bei Erwachsenen nur 30 Prozent ausmachen. Leider beginnt auch bei Kindern in immer früherem Alter die Tendenz zum überwiegend rationellen Denken und zum Leben in Beta. **Allzu früh wird das Gehirn unserer Kinder zu einer Denkmaschine umerzogen.**

Für die kleinen Erwachsenen wird die kostbare Zeit, in der wir wirklich Kind sein dürfen, immer kürzer. Vielleicht haben wir alle zu wenig Zeit, das Kind in uns aufkommen zu lassen, zu wenig Zeit, um unsere Kreativität und Intuitionen zu leben, zu wenig Zeit, um in Alpha vor uns hin zu träumen.

Die Alpha-Welle lässt das milde, weiche und nachsichtige Element in uns aufkommen. Sie prägt das Kind in uns, sie ist unser innerstes Ich, die Stimme unserer Seele. **Jedes Mal, wenn wir uns in Alpha befinden, erzeugen wir positive Bilder.**

Durch die Meditation versetzen wir unser Gehirn in Alpha, wir verlangsamen unser Denken und produzieren positive Bilder. Darum ist Meditation so wichtig! Meditation ist die Heilquelle und die natürliche Medizin unserer Seele.

Dieses Wundermittel bekommen Sie nirgendwo zu kaufen. Sie tragen es in sich selbst, und mit kleinem Aufwand können Sie zu jeder Zeit und überall davon Gebrauch machen. Es ist jeden Tag von neuem ein Geschenk, das Sie sich und Ihrer Psyche machen können.

Ich möchte jetzt keinen langen Exkurs über Meditationstechniken machen, denn es gibt bereits genügend Bücher darüber. Ob Meditation, mentales und autogenes Training, Yoga, Reiki oder Ajurveda, all diese Entspannungstechniken arbeiten auf derselben Grundlage und überlagern sich vielfach.

In diesem Buch, das den Weg zu einer gesunden Denkart aufzeigen soll, möchte ich auf einige praktische Hinweise und ein paar einfache Meditationsübungen nicht verzichten.

**Was braucht es zum Meditieren?**

## Zeit:
Zeit ist das Wichtigste beim Meditieren. Glauben Sie jetzt bitte nicht, Sie bräuchten Stunden, um sich von der Außenwelt zu isolieren! Es könnten bereits fünf Minuten genügen, die Sie sich selbst widmen und in denen Sie sich bewusst entspannen.

## Platz:
Sie brauchen einen Platz, an dem Sie für Ihre fünf Minuten wirklich Ruhe haben, ohne dabei gestört zu werden. Dies kann entweder im Bad sein, im Schlafzimmer, irgendwo in einer ruhigen Ecke in freier Natur oder auch im geparkten Auto.

## Position:

Die beste Position beim Meditieren ist das aufrechte Sitzen. Dies mag Ihnen vielleicht etwas unbequem erscheinen, doch verhindern Sie dadurch das Einschlafen, was beim Liegen leichter vorkommen kann.

## Musik:

Hintergrundmusik kann zu einer guten Entspannung beitragen, besonders zu Beginn der Meditation. Es ist vorteilhaft, wenn die Musik immer dieselbe ist. Mit der Zeit erkennt unser Gehirn die Melodie und verlangsamt die Denkfrequenz automatisch.

## ■Drei Übungen

Ich möchte Ihnen in diesem Buch einfache Übungen ans Herz legen, die Sie auch gleich ausprobieren können. Es handelt sich um drei Grundübungen, mit denen Sie sich im Laufe der Zeit so vertraut machen sollten, dass Sie diese zu jeder Zeit abrufen und anwenden können. Sie sollten in Ihnen so gegenwärtig sein, wie das Aspirin in Ihrer Hausapotheke.

### a) Übung 1: Das Eigenparadies

1. **Begeben** Sie sich zu Ihrem ruhigen Platz. Wenn Sie sich mit Musik entspannen möchten, so schalten Sie diese jetzt ein und drehen Sie die Lautstärke nicht zu hoch.
2. **Schließen** Sie die Augen und atmen Sie tief ein und aus.
3. **Bei jedem Atemzug stellen Sie sich vor**, wie Sie über eine Treppe hinuntersteigen, und mit jeder Stufe gehen Sie tiefer, immer tiefer hinunter. Sie gehen einer Lichtquelle entgegen und je tiefer Sie hinabsteigen, desto heller wird sie. Nach der siebten Stufe stehen Sie vor diesem Licht, einer hell beleuchteten Leinwand. Dies ist Ihre Leinwand, auf welche Sie alles projizieren und auf welcher Sie alles visualisieren können, was Sie möchten.
4. **Projizieren** Sie jetzt das Bild eines Ortes auf diese Leinwand, der Ihnen besonders gefällt und an dem Sie sich wohl fühlen. Es könnte ein Platz in der Natur, zum Beispiel ein Wald, eine Wiese, ein Strand am Meer mit Palmen oder ein Plätzchen am Rande eines klaren Baches sein. Dieses Bild können Sie nach Ihrem Wunsch so gestalten, wie Sie es möchten, schön, beruhigend, entspannend, belebend. Es ist Ihr Eigenparadies, ein Ort, an dem Sie sich wohl fühlen und der nur für Sie zugänglich ist. Konzentrieren Sie sich jetzt auf dieses Bild, sehen Sie sich selbst darin, wie Sie glücklich sind, wie Sie entspannt lachen, betrachten Sie alle kleinsten Einzelheiten und genießen Sie es. Bleiben Sie bei diesem Bild, solange Sie sich dabei wohl fühlen.

5. **Am Ende der Übung** atmen Sie einmal tief ein und aus. Sie verlassen jetzt Ihr Eigenparadies und steigen die sieben Stufen wieder hinauf. Bei der letzten Stufe angelangt, öffnen Sie die Augen. Sie befinden sich auf demselben Platz wie vorher und lesen in Ihrem Buch weiter.

### Kommentar zur Übung

Vielleicht sagen Sie jetzt: „Na und, was soll das? Soll es mir jetzt etwa besser gehen? Hat sich etwas in mir verändert?"

Ja, vieles hat sich in Ihnen verändert. Hätte ich Sie vor und nach der Übung untersucht, so wären Ihre Herzfrequenz und Ihr Blutdruck nach der Entspannung sicherlich um einiges niedriger gewesen. Die erste Wirkung dieser Übung zeigt also, dass sich Ihr Körper entspannt hat.

Weitere physische Veränderungen sind die Entspannung Ihrer Muskeln, Ihres Verdauungsapparates und die Verbesserung der Atmung. Eine Übung von nur fünf Minuten hat große Veränderungen in Ihrem Körper ausgelöst.

Das Wichtigste dieser Übung ist aber, dass sich die Frequenz Ihrer Gehirnwellen verlangsamt hat und dass Sie sich während dieser Zeit in Alpfa befunden haben. In Ihrem Gehirn haben Sie eine kleine Nische errichtet, in welcher Sie sich wohl fühlen, in welcher Sie sich entspannen und zu jeder Zeit Zuflucht finden können, wenn die Außenwelt zu hektisch und unerträglich erscheint.

Dies ist der Zweck dieser Übung und der Projektion Ihres Bildes, welches wir als „Eigenparadies" bezeichnen. Wir könnten es auch Schlupfwinkel, Königsburg oder Naturressort nennen. **Es ist ein Platz, der nur Ihnen gehört und den Ihnen niemand wegnehmen** kann. Sie können ihn zu jeder Zeit aufsuchen, auch wenn Sie sich nur ganz kurz entspannen und Ihre Seele mit einem positiven Bild beschenken möchten.

Bereits nach einigen Tagen dieser Übung wird Ihnen das **Eigenparadies** immer vertrauter erscheinen und Sie werden es immer mehr lieben und immer mehr nach ihm suchen. Sie werden diesen Platz immer öfter auf Ihre Leinwand projizieren und ihn visualisieren, weil er **Ihnen die Ruhe gibt, die Sie brauchen.** Mit etwas Übung wird es Ihnen gelingen, Ihr Eigenparadies auch mit offenen Augen zu sehen, so wie ein Kind, das in seiner Fantasie vor sich hin träumt.

Das Eigenparadies ist unser erster Schritt in die Welt der Meditation und der positiven Visualisierungen.

### b) Übung 2: Das Eigenbild

Schritt 1 bis 4 wiederholen sich wie in der vorhergehenden Übung zum Eigenparadies:
1. **Begeben** Sie sich zu Ihrem ruhigen Platz.
2. **Schließen** Sie die Augen und atmen Sie tief ein und aus.
3. **Bei jedem Atemzug stellen Sie sich vor,** wie Sie über eine Treppe hinuntersteigen, und mit jeder Stufe schreiten Sie tiefer, immer tiefer hinunter. Sie gehen einer Lichtquelle entgegen und je tiefer Sie hinabsteigen, desto heller wird sie. Nach der siebten Stufe stehen Sie vor diesem Licht in Form einer hell beleuchteten Leinwand. Dies ist Ihre Leinwand, auf welche Sie alles projizieren und auf der Sie alles visualisieren können, was Sie wollen.
4. **Visualisieren** Sie jetzt Ihr Eigenparadies, an dem Sie sich so wohl fühlen. Nehmen Sie sich ruhig etwas Zeit und entspannen Sie sich.
5. **Sie werden jetzt ein neues Bild auf Ihrer hell erleuchteten Leinwand sehen.** Sie werden einen Menschen sehen, und dieser Mensch sind Sie selbst. Visualisieren Sie sich jetzt so, wie Sie sich selbst am besten gefallen. Beginnen Sie beim Kopf und projizieren Sie Ihre Haare, die Stirn, die Augen, die Nase und den Mund auf die Leinwand. Betrachten Sie Ihre freudig leuchtenden Augen, Ihre lachenden Lippen, ja Ihr ganzes strahlendes Gesicht. Betrachten Sie das Schöne in Ihrem Gesicht, fokussieren Sie das, was Ihnen an Ihrem Gesicht am besten gefällt.

Dann gehen Sie weiter zum Hals, Brustkorb, Bauch, zu den Armen, Händen, Beinen und Füßen. Nun sehen Sie Ihren ganzen Körper. Wählen Sie die Kleidung, die Ihnen besonders gut steht. Suchen Sie das Beste und das Schönste aus, das, was Sie sich immer schon zu tragen gewünscht haben. **Bewundern Sie sich, wie Sie dastehen, schön und selbstsicher, lächelnd und zufrieden.** Sie können noch weitere Adjektive zur Beschreibung Ihrer Ausstrahlung heranziehen und diese unter Ihr Bild setzen. Wiederholen Sie diese Eigenschaftswörter und verweilen Sie einige Zeit bei Ihrem Anblick. **Genießen Sie ihn!**

6. **Am Ende der Übung atmen Sie** einmal tief ein und aus. Sie verlassen jetzt Ihr Eigenbild und Ihr Eigenparadies und steigen die sieben Stufen wieder hinauf. Bei der letzten Stufe angelangt, öffnen Sie die Augen.

### Kommentar zur Übung

Sie werden sich nun wieder fragen: „Was soll das mit diesem Ideal- und Traumbild von mir? In Wirklichkeit sehe ich ja gar nicht so aus. Ich kann mich nicht selbst belügen! Ich kenne meine Makel und bin mir deren jedes Mal, wenn ich in den Spiegel sehe, voll bewusst. Da ändert sich also an den Tatsachen nichts!"

Und ob sich etwas ändert, lieber Leser. **Mit dieser Übung ändert sich sogar sehr viel!**

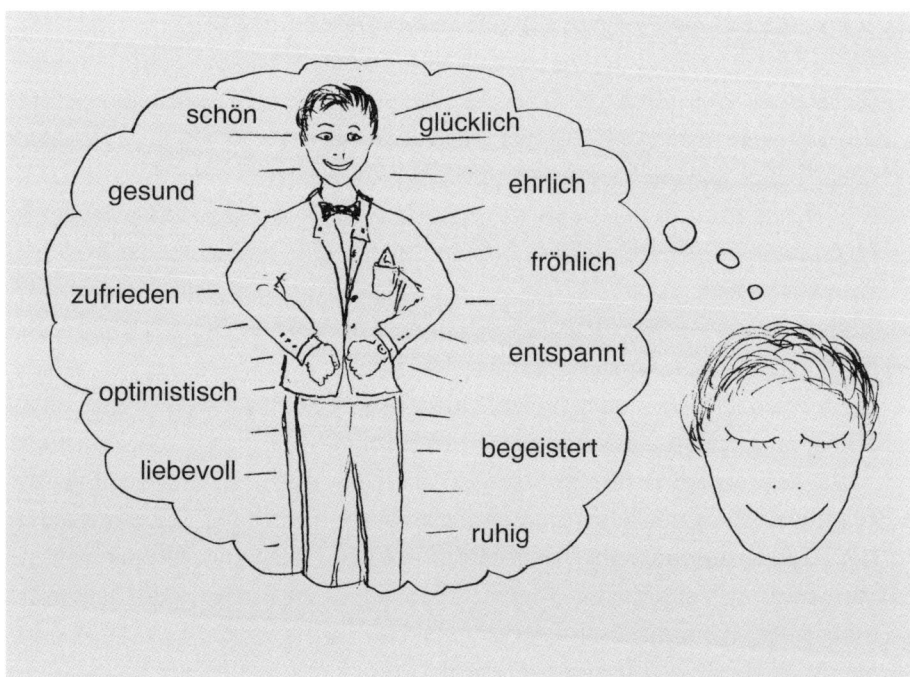

Jeder Mensch hat eine Vorstellung von sich selbst und von seinem Aussehen. Er trägt in seinem Inneren ein Bild von sich selbst, das er ausstrahlt, das die anderen Menschen von ihm sehen. Es ist der Eindruck, den er anderen von sich selbst vermittelt. Leute tragen den Ausdruck ihrer inneren Zufrieden- oder Unzufriedenheit im Gesicht.

Es gibt Personen, die in der Früh aufstehen und nach ihrem Anblick im Spiegel verzweifelt zu sich selbst sagen: „Oh Gott, wie sehe ich nur aus! All die Falten im Gesicht! Auch ich werde langsam alt!"
Sie sehen nur die eigenen Fehler und ihr Anblick wird ihnen mit der Zeit immer unerträglicher. **Sie sehen nur das Negative an sich.**

Sich selbst im Spiegel zuzulachen fällt vielen schwer. „Da gibt es ja nichts zu lachen!" Und so wandert dieses unschöne Bild, das sie von sich selbst haben, immer tiefer ins Unterbewusstsein. Es verstärkt sich mit jedem Tag so sehr, dass sie am Ende ein hässliches, destruktives und negatives Bild von sich herumtragen. Diesen Menschen sieht man meist schon aus der Ferne ihre Enttäuschung und Frustration an. Manchmal verrät auch schon ihre gebeugte und in sich gekrümmte Haltung, wie es in ihnen aussieht.

Eine alte Volksweisheit sagt, dass bis zum Alter von 18 Jahren jeder das Gesicht hat, das er von Gott bekommen hat, nachher hat er das Gesicht, das er sich verdient.

**Ein strahlendes Gesicht zu haben ist also unser Verdienst!**

Sagt nicht eines der Zehn Gebote: „Liebe deinen Nächsten so wie dich selbst!" Dieses so wahre Gebot vergessen wir leider allzu oft, besonders jenen Teil des „Sich-selbst-Liebens". Genau da müssen wir beginnen!
Wir müssen zuerst uns selbst lieben, um die Liebe unseren Mitmenschen weiterzugeben und um sie wirklich zu lieben!

Voraussetzung dafür ist, dass wir uns selbst akzeptieren, dass wir uns physisch akzeptieren, unseren eigenen Körper lieben und uns auf das Schöne an ihm konzentrieren. Die Übung des **Eigenbildes** hilft uns dabei sehr!

## ■Schönheit

Sollten Sie wirklich glauben, Sie hätten gar nichts Schönes an sich, so bitte ich Sie, das Folgende mit großer Aufmerksamkeit durchzulesen.

Was ist Schönheit überhaupt?
Schönheit ist für uns das, wovon wir glauben, dass es anderen Menschen gefällt, das, was von der Allgemeinheit an einem bestimmten Ort und zu einer gewissen Zeit als „schön" bezeichnet wird.

In unserer westlichen Gesellschaft ist es schön, braun gebrannt zu sein, und so braten wir stundenlang in der Sonne und im Solarium, um gut auszusehen.

In Ostasien ist genau das Gegenteil der Fall. Frauen der gehobenen Gesellschaftsschicht, die nicht auf den Feldern arbeiten müssen, laufen mit dem Sonnenschirm herum, damit ihre Haut hell und unverbrannt bleibt.
Was ist Schönheit also?

Ist sie das, was man in Kalifornien sieht, wo sich Frauen Prothesen in die Brüste einsetzen lassen, nur weil sie meinen, große Brüste zu haben sei schön.

Oder ist sie vielleicht das, was man in Rio in Brasilien sieht, wo kleine Brüste schön sind und wo sich viele Frauen einer Operation zur Verkleinerung ihrer normalen Brüste unterziehen, was manchmal eher einer Verstümmelung als einer Verschönerung gleichkommt.

Schönheit ist ein dehnbarer Begriff, mobil und labil zugleich, und ist nicht der Inbegriff der „physischen Perfektion". Im Alltag sehen wir oft Menschen, an denen alles perfekt zu sein scheint, Frauen, die wie Models aussehen, aber an denen uns dennoch etwas nicht gefällt. Dann wiederum sehen wir Menschen, die objektiv gesehen zwar nicht unserem Schönheitsideal entsprechen, aber dennoch schön aussehen. Sie haben eine Ausstrahlung, die den ganzen Menschen schön erscheinen lässt.

**Schönheit ist also eng mit dem inneren Zustand, mit dem Seelenleben, mit dem Bild, das wir von uns selbst in uns tragen, verbunden.**

Der amerikanische Schönheitschirurg Maxwell Maltz hat das Problem des Eigenbildes sehr gut erkannt. Er erzählt von Patienten, die sich einer Operation zur Korrektur der Nase unterziehen und trotz eines exzellenten Resultates dennoch unzufrieden sind. Äußerlich nehmen sie zwar diese physische Veränderung wahr, innerlich aber haben sie ihr Eigenbild nicht modifiziert und dieser Neugestaltung nicht angepasst.

Trotz gelungener Operation und neuer Nase tragen sie immer noch das Bild der alten Nase in sich und behalten ihren Nasen-Komplex auch weiterhin bei.

Dieses Beispiel zeigt klar und deutlich, dass Schönheit nicht eine objektive Realität, sondern ein subjektives Bild dessen ist, was wir in uns konstruiert haben.

Wenn Sie in der Früh in den Spiegel schauen und immer nur dieselben Falten an Ihren Wangen bemängeln, so ist das Gesamtbild, das Sie von sich selbst sehen, negativ. Und dieses negative Bild, das Sie von sich in Ihrem Inneren tragen, das strahlen Sie derart aus, dass es sich sogar auf die Leute überträgt, die Ihnen begegnen, und auch diese sehen dadurch nur Ihre Falten.

Versuchen Sie doch einmal, sich im Spiegel anders zu sehen! Betrachten Sie Ihre leuchtenden Augen und Ihre lachenden Lippen!
Nach einigen Tagen werden Sie bemerken, dass sich etwas geändert hat, dass Sie sich auf einmal besser gefallen, dass Sie sich auf andere Art und Weise betrachten und sich deshalb auch anders sehen, dass Sie sich selbst mehr mögen, dass Ihnen die Arbeit leichter von der Hand geht, dass Sie im Umgang mit Ihren Mitmenschen besser zurechtkommen, dass Sie mit Ihrem Partner besser harmonieren, dass Ihnen einfach alles leichter fällt.

**Meditation und die Übung zum Eigenbild helfen Ihnen dabei in hohem Maße.** Wenn Sie sich in der Visualisierung schöner sehen, so tragen Sie dieses schönere Bild in sich. Sie werden mit einer Ausstrahlung in Ihrem Leben dahingehen, die bald jeder in Ihrer Umgebung wahrnimmt.

## c) Übung 3: Die Problemlösung

Schritt 1 bis 4 wiederholen sich wie in der Übung 1 zum Eigenparadies.
1. **Begeben** Sie sich zu Ihrem ruhigen Platz.
2. **Schließen** Sie die Augen und atmen Sie tief ein und aus.
3. **Bei jedem Atemzug stellen Sie sich vor,** wie Sie über eine Treppe hinuntersteigen, und mit jeder Stufe gehen Sie tiefer, immer tiefer hinunter. Sie gehen einer Lichtquelle entgegen und je tiefer Sie hinabsteigen, desto heller wird sie. Nach der siebten Stufe stehen Sie vor diesem Licht, einer hell beleuchteten Leinwand. Dies ist Ihre Leinwand, auf welche Sie alles projizieren und auf der Sie alles visualisieren können, was Sie wollen.
4. **Visualisieren** Sie jetzt Ihr Eigenparadies, an dem Sie sich so wohl fühlen. Nehmen Sie sich ruhig etwas Zeit und entspannen Sie sich.
5. **Treten Sie wieder vor Ihre Leinwand** und betrachten Sie Ihr Eigenbild, Ihre eigene Person, die Sie jetzt bewundern. Nun gehen Sie einen Schritt weiter. Visualisieren Sie sich in Ihrem Alltag. Wählen Sie eine Situation, in der Sie sich manchmal schwer zurechtfinden. Analysieren Sie diese Situation und stellen sich dann vor, wie Sie Ihre Schwierigkeiten nun perfekt meistern und wie Sie dieses Problem leicht lösen.

### Beispiel 1:
Sie müssen aus beruflichen Gründen jemanden aufsuchen, den Sie absolut nicht ausstehen können. Visualisieren Sie sich, wie Sie professionell und sachlich mit dieser Person reden, wie Sie nett und höflich mit ihr umgehen.

### Beispiel 2:
Sie müssen vor einem großen Publikum, darunter zahlreiche Bekannte, eine Rede halten und sind schon sehr aufgeregt. Sie visualisieren sich nun, wie Sie eine sehr gute Rede halten, wie die Leute Ihnen aufmerksam und interessiert zuhören und am Ende Beifall klatschen.

### Beispiel 3:
Sie haben Angst, mit dem Flugzeug zu fliegen. Sie visualisieren sich, wie Sie ruhig und entspannt im Flugzeug sitzen und Ihr Mittagsmenü genießen, während die Hostess Ihre Kaffeetasse nachfüllt.

### Beispiel 4:
Sie müssen zum Arzt und sind aufgeregt. Sie visualisieren sich bei einem ruhigen und positiven Gespräch mit Ihrem Arzt.

Der Erfolg dieser Übungen ist umso größer, je genauer Sie alle Details der Situation visualisieren.

6. **Am Ende der Übung atmen Sie** einmal tief ein und aus. Sie verlassen jetzt Ihr Eigenbild und Ihr Eigenparadies und steigen die sieben Stufen wieder hinauf. Bei der letzten Stufe angelangt, öffnen Sie die Augen.

## Kommentar zu dieser Übung

Der eine oder andere von Ihnen wird jetzt vielleicht den Einwand erheben, dass es zwar mental ganz einfach wäre, sich alles positiv vorzustellen, im Flugzeug aber ist die Angst vor dem Fliegen eine Realität und da helfe im Moment keine Meditation.

Vielleicht haben Sie Recht, vielleicht aber auch nicht! Darum möchte ich Sie auffordern, gleich den nächsten Abschnitt zu lesen, in welchem es um eine ganz besondere Eigenschaft unseres Gehirns und unseres Denkvermögens geht.

# Realität oder Imagination

*Basta il pensiero*
*Italienisches Sprichwort*

**Der Gedanke genügt**

Unsere Reise durch das menschliche Gehirn geht langsam ihrem Ende zu. Wir schließen dieses Puzzle mit den zwei letzten und vielleicht wichtigsten Grundregeln des Denkens.

Durch unsere ersten Meditationsübungen haben wir erkannt, dass eine körperliche Entspannung und ein Umschalten der Gehirnwellen von Beta auf Alpha, durch die Visualisierung eines imaginären Bildes, wie zum Beispiel des Eigenparadieses oder einer friedlichen Szene der Natur, möglich ist. Diese Entspannung, welche wir durch reines Visualisieren eines von uns gedachten Bildes erreichen, wirkt sich auf unseren Körper und auf unser gesamtes Wohlbefinden aus.

Durch die Projektion von positiven und harmonischen Bildern auf unsere innere Leinwand können wir unseren Kreislauf, unseren Herzschlag und unseren Blutdruck beruhigen. Das heißt also, dass unser Körper auf Impulse des Gehirns reagiert, von denen **er nicht unterscheiden kann, ob sie aus der Realität oder aus der Imagination stammen.**

Wenn wir uns also zum Beispiel intensiv einen Strand mit Palmen vorstellen, so reagiert unser Körper genau so darauf, als wären wir wirklich auf diesem herrlichen Strand, auch wenn wir nur in unserem Wohnzimmer sitzen und es draußen vielleicht sogar schneit.

Wer an dieser Eigenschaft seines Geistes zweifelt, der sollte sich kurz an so manchen nächtlichen Traum erinnern, aus dem er schweißgebadet und mit Herzklopfen erwacht ist, nur weil er etwas Furchtbares geträumt hatte. Sein Körper hatte den Traum als Realität empfunden.

**Dies ist die zehnte Regel unseres Denkens:**

Der Körper unterscheidet nicht zwischen Realität und Imagination, zwischen wirklich Erlebtem und Gedachtem.

Aus diesem Grund haben die positiven Visualisierungen der Meditation eine so starke Auswirkung auf unseren Körper. Immer mehr Menschen greifen zum Hilfsmittel der Meditation und des mentalen Trainings, um den Alltag besser bewältigen zu können. In den verschiedensten Bereichen wird das „Denken in Alpha" angewandt, um bessere Erfolge zu erzielen.

Denken wir zum Beispiel an den Sport. Viele Spitzensportler verwenden mentales Training, um ihre körperlichen Leistungen zu steigern. Wenn wir einen Skiläufer vor dem Rennen beobachten, so sehen wir, wie er vor dem Start mit geschlossenen Augen und leichten Körperbewegungen in der Hocke steht und mental die ganze Rennstrecke durchläuft.
Im Kopf des Skifahrers spielt sich genau dasselbe ab, was Sie in Ihren Meditationsübungen machen. Er steht oben auf der Piste und fährt mit geschlossenen Augen mental das ganze Rennen ein paar Mal durch. Für ihn ist es ein Sich-Hineindenken in den Abfahrtslauf, so als würde er wirklich fahren. Er konzentriert sich auf das Bild, das Rennen optimal zu fahren, auf das Gefühl des Gewinnens. **Dabei entstehen Emotionen, die den Körper mitreißen als würde er das Rennen wirklich bestreiten.**

Durch dieses mentale Training bereitet sich der Rennläufer auf die Realität vor und macht sich mit dem vertraut, worauf es im harten Wettkampf ankommt. Nur so hat er die beste Chance, den wirklichen Lauf auch gut zu bestehen.
**Den Abfahrtslauf gewinnt er nicht mit den Beinen, sondern mit dem Kopf.**

Genauso schießt der Fußballstar das Traumtor durch einen Strafschuss aus 30 Metern Entfernung nicht durch Zufall, **sondern weil er in seinem Kopf den Ball bereits hinter dem Tormann in der linken Kreuzecke landen gesehen hat.**

**Mentales Training stärkt den Erfolg in allen Bereichen unseres Lebens. Deshalb sollte es zu einer Gewohnheit in unserem Tagesablauf werden.**

Und weil wir gerade über Gewohnheiten sprechen, kommen wir nun zur letzten Regel unseres Denkens, zur Gewohnheits- oder auch 21-Tage-Regel.

# Die 21-Tage-Regel

**Der Mensch ist ein Gewohnheitstier. Ein gutes Drittel seiner Handlungen besteht aus Bewegungen und Ritualen, die er aus Gewohnheit automatisch ausführt.** Bei Verrichtung dieser Tätigkeiten ist ihm meistens gar nicht bewusst, dass es Gewohnheiten sind. Erst wenn er sie aus irgendeinem Grund ändern muss, so wird er sich seiner Automatismen bewusst.

So passiert es uns zum Beispiel in einem Hotel, dass wir in den ersten Tagen unseres Aufenthalts den Lichtschalter im Bad auf der rechten Seite des Waschbeckens suchen, wie wir es von zuhause gewohnt sind. Oder, wenn wir zum Beispiel ein neues Auto kaufen, so suchen wir die Hupe rechts neben dem Lenkrad, dort, wo sie beim alten Auto angebracht war, auch wenn wir schon seit längerer Zeit das neue Auto fahren.

Ein weiteres Beispiel ist die Hausfrau, die plötzlich ihre Küchenordnung ändert. Immer wieder passiert es ihr, das Besteck in der rechten anstatt in der linken Schublade zu suchen.

Wir sehen also, dass wir im täglichen Leben sehr viele Dinge aus Gewohnheit automatisch verrichten und dass wir diesen Gewohnheiten unterbewusst für lange Zeit nachhängen. Diese repetitiven Vorgangsweisen, welche in der Psychologie **als konditionierte Reflexe** bezeichnet werden, sind einfache Angewohnheiten in unserem Unterbewusstsein, um unser tägliches Leben zu vereinfachen.

Das Gehirn registriert und speichert alle unsere Rituale. Nach einer gewissen Dauer dieser Routinehandlungen reagiert unser Körper automatisch, wie ferngesteuert. Obwohl unser Gehirn gewisse Überlegungen nicht bewusst anstellt, führt unser Körper die durch sein Unterbewusstsein gesteuerten Bewegungen einfach automatisch aus.

So lenken wir alle unsere Autos! Kein Mensch, der bereits seit längerer Zeit mit dem Auto fährt, braucht sich beim Gangwechsel darauf zu konzentrieren, die Kupplung zu drücken. Es passiert automatisch! Wir steigen automatisch auf die Bremse, wenn ein plötzliches Hindernis auftritt. Wir denken nicht, sondern handeln automatisch durch unsere konditionierten Reflexe.

Der russische Verhaltensforscher Pavlov zeigte dies zum ersten Mal anhand eines Versuchs bei Hunden auf. Als er den Tieren ihr gewohntes Futter vorsetzte, bemerkte er eine erhöhte Speichelproduktion in ihrem Maul. Weiters schaltete Pavlov gleichzeitig mit dem Erscheinen des Futternapfes auch ein rotes Licht ein.

Nach 21 Tagen, an denen Fressen und rotes Licht gleichzeitig erschienen, versuchte er plötzlich das Futter wegzulassen und nur das rote Licht einzuschalten. Er bemerkte dennoch die erhöhte Speichelsekretion. Die Hunde hatten das Futter an das rote Licht gekoppelt, auch wenn das Fressen fern blieb. Diese Beobachtungen Pavlovs bei Hunden lassen sich analog auch bei uns Menschen machen.

Wenn wir 21 bis 30 Tage lang eine bestimmte Tätigkeit oder Bewegung regelmäßig ausführen, so wird diese in unserem Unterbewusstsein gespeichert und wir machen den Handgriff oder die Bewegung automatisch, ohne darüber nachzudenken.

Das ist die Regel der konditionierten Reflexe, die in jedem von uns eingebaut sind.

**Wir Menschen sind aber nicht nur physisch, sondern auch psychisch konditionierbar.**

Jedes Bild, unabhängig ob positiv oder negativ, das wir 21 Tage lang visualisieren, wird in unserem Unterbewusstsein so gespeichert, dass wir uns nach einiger Zeit nur mehr schwer davon trennen können. Dieses Bild oder diese Idee beeinflusst unsere Psyche und kann sich zu einer Zwangs- oder zu einer Wahnvorstellung weiterentwickeln, im schlimmsten Fall zu einer Angst- und Horrorvision, die uns nicht mehr loslässt.

Auf genau dieselbe Weise ist es durch mentales Training möglich, gewisse konditionierende Reflexe und Gedankenmuster durch positive Bilder wieder zu korrigieren.

**Nach 21 Tagen,** an denen Sie **mindestens** einmal täglich für einige Minuten Ihr **Eigenparadies** visualisiert haben, ist es möglich, dass Sie sich bereits nach einem kurzen Gedanken an Ihre Idylle, auch bei offenen Augen, beruhigen und entspannen können. Wenn Sie **21 Tage** lang Ihr **Eigenbild** visualisieren, so werden Sie eines Morgens vor dem Spiegel stehen und sich selbst bewundern. Sie werden sich tatsächlich schön und attraktiv finden und Sie werden Ihrem Spiegelbild zulächeln, weil Sie sich wirklich gefallen. Und aus Freude gehen Sie vielleicht gleich zum Kosmetikgeschäft gegenüber und kaufen sich einen neuen, roten Lippenstift, mit dem Sie sich am darauf folgenden Morgen noch besser gefallen.

Nach **21 Tagen** der Visualisierung Ihrer **Problemlösung** sitzen Sie entspannt im Flugzeug und lachen der Hostess zu, ohne jegliches Angstgefühl in sich zu spüren. Ja, lieber Leser, Sie werden jetzt vielleicht denken, dass dies alles nicht so einfach sein kann. Doch ich versichere Ihnen aus eigener Erfahrung, dass es wirklich so ist. **Wichtig ist, Sie versuchen es selbst mit einem einfachen Beispiel.**

Als ich zum ersten Mal bei einem Kursbesuch mit diesen Regeln vertraut gemacht wurde, war ich sehr skeptisch. Auch mir wurde damals gesagt, ich sollte nicht nur blind an diese 21-Tage-Regel glauben, sondern ich sollte sie einfach ausprobieren.

Äußerst kritisch und mit ablehnender Haltung ging ich in der Überzeugung nach Hause, dass dieser alternative Meditations-Schmäh eher etwas für Geisteskranke als für „normale" Menschen sei. Trotzdem versuchte ich eine Übung zur Problemlösung. Da uns im Kurs geraten wurde, mit einem unbedeutenden Problem zu beginnen, beschloss ich, eine alte und schlechte Angewohnheit anzugehen. Zwanzig Jahre lang hatte meine Mutter vergebens versucht, mir die Unart auszutreiben, meine Zahnbürste nach dem Zähneputzen am Rand des Waschbeckens liegen zu lassen, anstatt diese in den Becher unter den Spiegel zu stellen.

Mit viel Mühe und wenig Freude visualisierte ich einmal am Tag schlecht und mit „Ach und Krach" mein Zähneputzen.

Ich sah mich, wie ich am Ende der Prozedur meine abgeschwenkte Zahnbürste schön brav in den Becher gab und diesen dann auf die Ablage unter den Spiegel stellte. Ich war sehr gespannt, was nach 21 Tagen geschehen würde. Als ich früh am Morgen des fünften Tages noch halb im Schlaf und mit den Gedanken anderswo im Bad bei meiner Morgentoilette stand, da sah ich nach dem Zähneputzen plötzlich, dass meine saubere Zahnbürste im Glas unter dem Spiegel stand! Im ersten Augenblick stand ich erschrocken da. Das Ganze erschien mir irgendwie unheimlich. Ich konnte es selbst kaum fassen. Es stimmte also doch, was die im Kurs erzählt hatten! Es war mein Unterbewusstsein, das sich eingeschaltet und gehandelt hatte, und das nach nur fünf Tagen der Visualisierungsübung!

Ab diesem Moment der Erkenntnis veränderte sich mein Leben. Ich wurde mir plötzlich dieser Kraft und Energie bewusst, durch die ich mein Leben und meine Erfolge beeinflussen konnte und von der ich ab diesem Zeitpunkt immer mehr Gebrauch machte. Ich begann mich auf ernstere Weise mit Meditation, mentalem Training und Visualisierung zu beschäftigen. Ich visualisierte meine bevorstehenden Prüfungen an der Universität und bestand sie mit gutem Erfolg, ich visualisierte das Verhältnis zu meinem Vater, das unter meinen störrischen Jugendjahren sehr gelitten hatte, und wir wurden zu wahren Freunden, ich visualisierte die Lösung von Problemen, die mich seit Jahren mehr oder weniger belastet hatten, und ich schaffte es, Schritt für Schritt, diese zu überwinden. In den 30 Jahren nach meinem Zahnbürsten-Erfolgserlebnis ist es mir durch diese einfache Übung gelungen, sehr viele Ziele zu erreichen, Träume zu realisieren und Schwierigkeiten zu meistern. Und ich arbeite immer noch an meinem Eigenbild, ich suche immer noch mein Eigenparadies auf und ich visualisiere immer wieder neue Lösungen für Probleme, die mir das tägliche Leben stellt.

# Berge versetzen. Die Kraft der Gedanken

> *Achte auf deine Gedanken, denn sie werden deine Worte!*
> *Achte auf deine Worte, denn sie werden deine Handlungen!*
> *Achte auf deine Handlungen, denn sie werden deine Gewohnheiten!*
> *Achte auf deine Gewohnheiten, denn sie werden dein Charakter!*
> *Achte auf deinen Charakter, denn er wird dein Schicksal!*
>
> *Unbekannter*

### Sonntag, 9.30 Uhr: Rendezvous mit der Migräne

Sie sitzt vor mir an meinem Schreibtisch in der Praxis, ist jung und hübsch, etwas blass im Gesicht und ihre leuchtend hellen Augen sprechen für ihr sensibles Wesen. Sie atmet tief ein und beginnt fast leidenschaftlich mit der Schilderung ihres Problems.

Vor drei Jahren hatte sie zum ersten Mal einen furchtbaren Migräneanfall erlitten und seither quälte sie dieser Schmerz mit erstaunlicher Regelmäßigkeit immer wieder. Sie hatte bereits die verschiedensten Fachärzte aufgesucht, doch keiner konnte ihr helfen. Beginnend beim Blutbild, über Röntgenbilder, Computertomografie bis zur Magnetresonanz ließ sie eine breite Palette von Untersuchungen über sich ergehen, es konnte aber keine organische Ursache für ihr Leiden gefunden werden.

Die Ärzte sprachen von einer Migräne, mit der sie sich abfinden müsste, und verschrieben ihr die stärksten Medikamente, welche im Fall einer erneuten Attacke das einzige Hilfsmittel seien, um ihren Schmerz zu lindern. Dies aber wollte die Patientin nicht. Sie war zu kämpferisch, um sich mit ihrem Leiden abzufinden, und suchte weiter nach einer Lösung für ihr Kopfweh.

So sitzt sie heute bei mir, in der Hoffnung, dass ein neuer Arzt ihr vielleicht dennoch weiterhelfen kann.

Ich stelle ihr konkrete Fragen zur Situation, in welcher ihre Kopfschmerzen beginnen, und sie schildert mir ihren ganzen Leidensweg. Mit großer Genauigkeit zählt sie die vielen Medikamente auf, die sie für den Sonntagmorgen bereithält, wenn der Migräneanfall wie ein Hammer auf sie einschlägt.

Sie weiß es bereits Stunden vorher wenn sie die ersten Vorzeichen in sich spürt. Pünktlich um 9.30 Uhr geht dann der Schmerz los. Bis in die späten Abendstunden hinein ist es die Hölle für sie.

Seit drei Jahren sehen ihre Sonntage so aus. Ausnahmsweise im Urlaub und einmal während einer starken Erkältung ging es ihr besser.

Die Frau ist erschöpft, sie kann kaum mehr schlafen angesichts dieser ständigen Belastung und der Furcht vor dem Bild ihrer unheilbaren Migräne. Die ganze Woche schon sorgt sie sich vor dem schrecklichen Sonntagmorgen. Sie hat alles versucht, aber sie weiß genau, **um 9.30 Uhr geht es los und es gibt kein Entkommen.**

Als Zuhörer staune ich, mit welcher Sicherheit und Präzision die junge Dame über das Eintreffen und den Werdegang ihres Leidens erzählt. Sie weiß es schon im Voraus und wartet nur darauf: bei ihrer Migräne gibt es kein Entrinnen!

**Wie sollte sie auch, wenn sich ihr Gehirn dreißig Mal täglich, sechs Tage pro Woche, mit demselben Gedanken der Sonntagmorgen-Migräne um 9.30 Uhr befasst.**

Diese „Prämeditierte Migräne" ist so tief im Gehirn der Patientin verankert, dass sie **unwillkürlich am Sonntag um 9.30 Uhr erscheinen muss.** Sie hat ihren Schmerz selbst programmiert und ihr Körper führt den Befehl laut Programm aus.

So wie die junge Dame ihre Sonntagmorgen-Migräne vorprogrammiert, gibt es viele verschiedene Leiden und Beschwerden, die wir Menschen in unser Leben einplanen.

Da gibt es zum Beispiel Kinder, die Fieber bekommen bevor die Eltern auf Reisen gehen, Schüler, die sich regelmäßig vor Schularbeiten übergeben müssen oder Kreislaufprobleme bekommen, Menschen, welche bei Vollmond schlaflose Nächte verbringen, weil sie schon im Voraus wissen, dass es so sein wird, Unternehmer, die ihre bevorstehenden Kreuzschmerzen

schon vorausahnen, weil sie am Nachmittag eine heftige Auseinandersetzung mit ihrem Mitarbeiter hatten.

Menschen programmieren sogar Panikattacken und Angstzustände
dadurch voraus, dass sie sich in eine Situation hineinsteigern, in welcher
sie dann versagen. Sie sehen sich zum Beispiel in einem engen und geschlossenen Raum zusammen mit vielen Leuten, die Nähe der Menschen beengt
sie, sie werden bewusstlos und fallen um.

Es handelt sich meistens in solch einem Fall um eine ungewollte Entwicklung, welche durch eine einmalige negative Erfahrung ausgelöst wurde.

Es kann zum Beispiel passieren, dass wir aufgrund einer Stresssituati-
on oder einer Kreislaufschwäche plötzlich irgendwo in der Öffentlichkeit
zusammenbrechen. Dies kann jedem von uns passieren, auch wenn es unangenehm und peinlich ist.

Auf dieses Ereignis kann man aber auf zwei Arten reagieren: entweder man
erkennt seine momentane Situation, akzeptiert die eigenen Schwächen und
macht sich nicht viel daraus, oder man bekommt Angst und denkt schon
mit Besorgnis an das nächste Mal, wo einem dasselbe wiederum passieren könnte. Diese zweite Reaktion führt aber in die falsche Richtung und
lässt aus dem kleinen Zwischenfall ein großes Problem entstehen.

Die Befürchtung, eine ähnliche Situation wieder nicht zu meistern, baut
sich zu einer dauerhaften Panikvorstellung im Gehirn des Menschen auf.

Der Gedanke, wiederum vor allen Leuten zusammenzubrechen, wird
zu einer Zwangsvorstellung, einer **Meditation ins Negative,** die letztendlich mit großer Wahrscheinlichkeit dorthin führt, dass **der Körper dem Befehl
des Gehirns folgen wird.** Herr Schwarz kollabiert erneut in der Öffentlichkeit und er meidet es immer mehr, überhaupt wieder unter Leute zu
gehen. Er geht zum Psychiater, um seine Angst und seine Panikattacken
in den Griff zu bekommen. **Sein Programm der Besorgnis und der Ängste,
aus dem er jetzt alleine nicht mehr herauskommt, das hat er selbst gestartet.**

Wir haben also wiederum gesehen, dass unsere Gedankenvorstellungen
Situationen im positiven oder negativen Sinn beeinflussen können. Unser
Körper reagiert stillschweigend auf die vom Gehirn ausgestrahlten Impul-
se und Bilder, ohne Zutun unseres Willens.

Es ist manchmal verblüffend, wie weit die Kraft der Gedanken unseren
Körper bringen kann.

Ist es Ihnen auch schon einmal passiert, dass Sie an einem Tag, an dem
Sie den Wecker früher als gewöhnlich eingestellt hatten, weil sie etwas Besonderes unternehmen mussten, einige Augenblicke vor dem schrillen Läu-
ten des Weckers aufgewacht sind? In Gedanken an den bevorstehenden

Tag hatten Sie am Abend unbewusst Ihre innere Uhr programmiert und Ihr Gehirn hat Sie zum richtigen Zeitpunkt geweckt.

In diesem Zusammenhang habe ich im Laufe meiner 25-jährigen Berufstätigkeit zahlreiche Erfahrungen gemacht, die ich vom medizinischen Standpunkt aus als ziemlich eigenartig oder „mysteriös" bezeichnen möchte.

Ich erinnere mich da an einen Patienten, der behauptete, er könne am Abend erst nach drei Tassen Kaffee einschlafen, ansonsten müsse er ein Schlafmittel einnehmen. Ein anderer hingegen berichtete, dass er bereits wegen eines Kaffees nach dem Mittagessen am Abend nicht einschlafen könne. Ein weiterer Patient nahm seit Jahren eine Vitaminpille zu sich, in der Annahme, es handle sich um ein blutdrucksenkendes Mittel. Er versicherte mir, dass seither sein Blutdruck normal sei. Als ich dann dieses Präparat durch ein wirklich blutdrucksenkendes Medikament ersetzte, stieg sein Blutdruck an.

Auch im chirurgischen Bereich habe ich diesbezüglich interessante Erfahrungen gemacht.

Seit Jahren operiere ich Patienten, die auf den Händen oder auf den Fußsohlen von Warzen befallen sind. Ehe die Leute jedoch zum Chirurgen kommen, erproben sie die verschiedensten Hausmittel, um die Warzen loszuwerden.

Eine Bäuerin, die bereits zum Eingriff vorgemerkt war und sich dann aber kurzfristig abmeldete, erzählte mir, wie sie bei Vollmond einen Nähfaden nahm und drei Knoten hineinband, dabei fest an ihre Warze dachte und den Faden mit den Knoten dann im Garten unter der Erde vergrub. Schon am nächsten Tag begann die Warze „zu arbeiten" und nach zwei Wochen war sie tatsächlich weg.

**Geschichten wie diese hört und liest man täglich.**

Die zwei Journalisten Uta Henschel und Stefan Klein berichten in einem äußerst interessanten Artikel der Zeitschrift „Geo" über die beeindruckenden Ereignisse, die dem Verhältnis zwischen Geist und Körper zuzuschreiben sind.

„Der Nachbar wird krank aus Sorge um seinen Arbeitsplatz; die Gemüsefrau stirbt an gebrochenem Herzen, als sie ihren Mann verliert; der Veteran hat seine schwere Beinverletzung im Zweiten Weltkrieg gar nicht gespürt, weil er so froh war, nach Hause zu kommen; 200 kambodschanische Flüchtlingsfrauen haben sich die Augen ausgeweint und sind blind geworden, weil sie mit ansehen mussten, wie die Khmer Rouge ihre Angehörigen folterten und umbrachten; ein Jugendlicher hat eine Pollenallergie und erleidet eine Asthmaattacke, als ihm ein Klassenkamerad zum Scherz eine Plastikblume unter die Nase hält; der termingestresste Mensch „wartet" bis zum Urlaub, um krank zu werden, weil er es sich erst dort erlauben kann; ein Patient heilt nach einer Gallenoperation viel rascher und braucht weniger Schmerzmittel, weil sein Stationszimmer Ausblick auf eine grüne Landschaft hat, statt auf die Ziegelmauer eines Parkplatzes; die schwer kranke Witwe arbeitet und hält so lange am Leben fest, bis die Tochter das Universitätsstudium beendet hat."

Solche und viele andere Geschichten, wie sie jeder schon einmal gehört hat, beschreiben den Einfluss des Geistes auf den Körper.

Auch wenn sie die Grenze des Erklärlichen oft überschreiten, sind sie ein klarer Beweis dafür, dass in unserem Geist, in unserem Unterbewusstsein ein Potential steckt, das eine unendliche Kraft besitzt, eine Kraft, die aus uns selbst kommt, die Kraft der Gedanken, der Gedanken, die Berge versetzen!

■ Therapie: Die gesunde Denkart
Berge versetzen. Die Kraft der Gedanken

145

# Glaube

Es ist mir ein großes Anliegen, in diesem Buch, das über die „gesunde" Denkart spricht, ein Kapitel über den Glauben einzufügen.

Obwohl in unserer modernen, rationellen und technologischen Welt nur noch wenig Platz für „Glauben" übrig ist und dieses Wort manchmal sogar unwillkommen ist, möchte ich dennoch einige Worte dazu sagen.

Der Mensch, den wir in allen seinen Denk- und Verhaltensmustern zu analysieren versuchen, der mit so vielen Fragen konfrontiert ist und der versucht, alle zu beantworten, ist mit einem Problem, vielleicht seinem Hauptproblem noch nie fertig geworden.

Die neue Zeit hat zwar die alten Gottheiten verscheucht und viele Antworten auf die dunklen Fragen der Menschheit gefunden, doch auf die Hauptfrage über die Zerstörbarkeit und die Vergänglichkeit des Homo sapiens hat der Mensch bisher noch keine Antwort bekommen.

Im Zeitalter der höchsten Entwicklung, der alles erklärenden Wissenschaft und der computergesteuerten Perfektion, führt jeder Weg am Ende immer noch zum kleinen, armen, ängstlichen, kranken und hilflosen Menschen, der sich immer noch fragt, woher er kommt und wohin er geht.

Für diesen Menschen habe ich eigentlich dieses Buch geschrieben, denn in ihm finden wir uns alle wieder!

Obwohl wir heute glauben, für alles eine Erklärung gefunden zu haben, obwohl wir im Zeitalter der Genetik schon in der Lage sind, aus einer Zelle neues Leben zu schaffen, ist dennoch **die Endfrage über unser Schicksal, über Leben und Tod immer noch offen.**

Ich selbst, der ich als Autor dieses Buches über Optimismus und positives Denken die Absicht hatte, Ihnen Lösungen anzubieten, stehe vor den Grundfragen unserer Existenz leider ohne Antwort da.

Allzu oft wird die Menschheit mit schweren Schicksalsschlägen, unheilbaren Krankheiten und plötzlichen Unfällen konfrontiert! Wie schwierig ist es, in solchen Situationen noch positiv zu denken!

Für das Bild „Tod" kann ich Ihnen beim besten Willen keine rationale Antwort geben, welche das Problem ins Positive wenden könnte. Der Tod ist trotz aller medizinischen Fortschritte für jeden von uns immer noch die Endstation des menschlichen Daseins. **Letztendlich stehen wir alle da, klein und hilflos, vor der Größe der unendlich vielen Fragen.**

Und da bleibt uns nur noch die Kraft des Glaubens, die uns zu Hilfe kommen kann. Von Machthabern im Namen der Religionen so furchtbar missbraucht, ist der Glaube die Grundlage des Optimismus.

Der Glaube, von dem ich hier spreche, hat nichts mit Dogmen und Religion zu tun. Er ist die Hoffnung, die Zuversicht, der Halt, die Demut des winzigen und ängstlichen Menschen, der sich trotz oder gerade wegen seines Wissens bewusst ist, dass es auf dieser Welt etwas Höheres, Größeres und Perfekteres gibt, das ihn erschaffen hat und das ihn nach seinem Tode wieder aufnehmen wird. **Den Glauben an die Existenz einer Gottheit muss jeder Mensch haben, will er sich nicht ein zusätzliches und unendlich negatives Bild von seinem Leben machen.**

**Der Mensch braucht die Vorstellung eines Gottes, eines Allmächtigen.** Die Nihilisten, die nicht an die Existenz einer Gottheit glauben, sind sich gar nicht bewusst, welche **Last** sie sich unnütz aufbürden, wenn sie sich selbst die Verantwortung für ihr Dasein zuschreiben. Warum verleugnen sie dann die Macht Gottes, die letztendlich für ihr Schicksal verantwortlich ist, warum nehmen sie die größte Ungewissheit des Lebens, jeden Anfang und jedes Ende auf sich? Ist das nicht vollkommen absurd? Gott, Allah, Shiva, Buddha, oder wie wir ihn auch nennen wollen, übernimmt die **Verantwortung** für unsere Existenz, unser Schicksal und unser Karma.

Der Glaube schenkt uns die positiven Bilder, die wir gerade dann so sehr brauchen, wenn unser rationales Denken sie uns nicht mehr liefern kann. Im Augenblick, in dem der Glaube uns zu Hilfe kommt, werden schwere Schicksalsschläge plötzlich ertragbar.

Die Verantwortung für das Leben liegt letztendlich bei jemand anderem, und diese Gewissheit rettet uns vor tiefer Niedergeschlagenheit und Verzweiflung. Der Glaube daran, dass mit dem Tod nicht alles enden kann und dass etwas so Einzigartiges wie ein lebendes Wesen, das gesprochen, geliebt, gelacht und geweint hat, uns nur vorausgegangen ist und irgendwo weiterlebt, ist ein positives Bild, das uns Ruhe geben kann.

Diese Ruhe kann uns jede Religion und jeder Glaube geben. Ob wir in einer Kirche, einer Moschee oder in einem Tempel beten, kann uns ganz egal sein. Wichtig ist, wir glauben und finden unsere innere Ruhe. **Schließlich geht es immer um die restlichen 8999 positiven Bilder, vergessen Sie das nie!**

## Spuren im Sand

*Heute Nacht hatte ich einen Traum.*
*Ich träumte, dass ich über den Sand lief,*
*in Begleitung des Herrn,*
*und die Nacht führte mir,*
*wie auf einer Leinwand,*
*alle Tage meines Lebens vor.*

*Ich schaute zurück,*
*und auf jedem Bild,*
*das meine Tage wiedergab,*
*sah ich Spuren im Sand.*
*Die eine war meine,*
*die andere die des Herrn.*

*Und so wanderte ich weiter,*
*bis alle Tage meines Lebens an mir*
*vorübergezogen waren.*

*Dann blieb ich stehen,*
*und im Zurückschauen bemerkte ich,*
*dass an einigen Stellen nur eine Spur*
*durch den Sand verlief.*

*Diese Stellen entsprachen genau den*
*schwierigsten Tagen meines Lebens,*
*den Tagen meiner größten Angst und*
*meines größten Schmerzes ...*

*So fragte ich:*
*„Herr, du hast gesagt, du würdest*
*alle Tage meines Lebens bei mir sein,*
*und ich willigte ein, mit dir zu leben.*
*Warum hast du mich gerade in den*
*schwierigsten Augenblicken meines*
*Lebens allein gelassen?"*

*Und der Herr erwiderte:*
*„Mein Sohn, ich liebe dich!*
*Ich habe dir versprochen,*
*dich auf deinem ganzen Weg zu begleiten,*
*dich nie allein zu lassen –*
*nicht einmal für einen Augenblick.*
*Und ich habe dich nie allein gelassen ...*

*Die Tage, an denen du nur*
*eine Spur im Sand gesehen hast,*
*das waren die Tage, an denen ich dich*
*in meinen Armen getragen habe."*

*Unbekannter aus Brasilien*

# Unterbewusstsein, nur eine Last?

> *... e ho nell'anima*
> *in fondo all'anima ...*
> *cieli immensi ed immenso amore ...*
> Lucio Battisti, „Giardini di marzo"
>
> ... in meiner Seele
> ganz tief in meiner Seele ...
> habe ich endlose Himmel und endlose Liebe ...

Am Ende unserer Reise durch das menschliche Gehirn möchte ich noch zwei abschließende Worte zu unserem Unterbewusstsein sagen.

Wie aus diesem Buch hervorgeht, sind wir von unserem Unterbewusstsein abhängig und mit unserem „Speichertopf" des Öfteren in Konflikt. Manchmal ist es direkt grausam, wie sehr wir darunter leiden. Furchteinflößende Gedanken lauern wie ein Schreckgespenst auf uns und quälen uns bei Tag und besonders bei Nacht.

Doch unser Unterbewusstsein hat noch eine zweite Seite. Ich möchte Sie an all die belebenden Gedanken erinnern und an die positive Kraft des Unterbewusstseins.

Haben Sie sich nie gefragt, wie es möglich ist, dass mit der Zeit auch die schlimmsten Ereignisse unseres Lebens an Tragik verlieren, dass die Intensität des stärksten Schmerzes nachlässt, dass wir Menschen nach den schwersten Schicksalsschlägen dennoch wieder den Weg zurück zu unserer Fröhlichkeit finden? Ist es nicht ein Wunder, wie Menschen, deren Leben von Tragödien geprägt ist, trotzdem zu sich zurückfinden und neue Lebensfreude in sich aufkommen lassen!
**Wie und wo können die Wunden heilen, wenn nicht in unserem Unterbewusstsein?** Tief in uns wird im Laufe der Zeit das Negative und das Schmerzhafte verarbeitet und wieder in Positives und Erfreuliches umgewandelt.

**Dies bedeutet also, dass im wahren Kern des Menschen ein Trieb und ein Instinkt verborgen sind, die ihn wieder zum Positiven zurückleiten.**

Das Unterbewusstsein ist also eine Quelle, eine endlose Quelle, die uns mit herrlichem und frischem Wasser berieselt, wenn wir sie frei fließen lassen.

Wenn wir entspannt sind, träumen, meditieren und in Alpha sind, dann werden wir mit goldenen Gedanken beglückt, mit neuen Vorstellungen, Intuitionen, künstlerischen Ideen, Erfindungen und Inspirationen.

**Alles, gar alles, was auf dieser Welt entdeckt und erfunden worden ist, war ursprünglich ein unterbewusst visualisierter Gedanke.** Das gilt für jede kleinste Erfindung bis zur großen Intuition, dass die Erde rund sein könnte.

Selbst die Idee, dieses Buch zu schreiben, war zuerst eine Gedankenvision, bevor ich sie in die Realität umgesetzt habe.

In unserem Gehirn ist ein unendliches Potential vorhanden, das die Welt mit positiven und neuen Ideen beschenken kann. Das Unterbewusstsein, dieser oft so schwere und belastende Topf, **arbeitet also doch für uns.** Wenn wir es nicht mit dunklen Gedanken blockieren, es frei und entspannt funktionieren lassen, dann macht das Unterbewusstsein uns zu dem, wozu wir von Geburt an eigentlich bestimmt waren: zu glücklichen Menschen!

# 6 Die heutige Welt

*Et tes amis seront bien étonnés de te voir rire en regardent le ciel.*
*Alors tu leur diras: „Oui, les étoiles, me font toujours rire!"*
*Et ils te croiront fou.*

*Antoine de Saint-Exupéry, „Le Petit Prince"*

Und deine Freunde werden sich wundern,
wenn du zum Himmel schauen und dabei lachen wirst.
Dann wirst du ihnen sagen:
„Ja, die Sterne bringen mich immer zum Lachen!"
Und sie werden meinen, du bist verrückt.

## *Grund zu Optimismus oder Pessimismus?*

Der Leser dieses Buches könnte jetzt meinen, dass es am besten wäre, sich nun einfach die Augen zu verbinden, die Ohren zu schließen und sich mit Meditation und viel guter Fantasie eine positive Welt zu schaffen, um der täglichen Weltuntergangsstimmung der Menschheit und der Medien zu entkommen.

Ich glaube aber, dass es im Leben nur eine **gewisse Disziplin** braucht, um sich selbst zu schützen, denn wenn man die Menschheit genauer betrachtet und analysiert, so ist sie genau **das Gegenteil von Negativismus und Horror.** Seit ihren Anfängen bis zum heutigen Tag ist die Entwicklung des Menschen ein langer und schwieriger Prozess gewesen. Das Ergebnis aber kann durchaus als das **beste und schönste** bezeichnet werden.

Skeptiker unter Ihnen werden diese Aussage anzweifeln und abstreiten. Ich werde Ihnen aber jetzt einige Argumente bringen, die meine Behauptung untermauern.

### ■Fakten zum Optimismus

Wenn wir die Seiten der Weltgeschichte durchblättern und die Entwicklung des Homo erectus, des Homo sapiens bis zum heutigen Homo modernus verfolgen, so können wir ganz beruhigt zum Schluss kommen, dass sich der **heutige Mensch seit seiner Entstehung in der vorteilhaftesten Position befindet.**

Diese Aussage mag vielleicht besonders aus dem Grund paradox klingen, da wir in diesem Buch über die schwierige und bedrückende Existenz vieler Menschen heute gesprochen haben.

Mit gutem Recht kann man aber feststellen, das es dem Menschen heute relativ gut geht, wenn man von einer **durchschnittlichen Betrachtungsweise** ausgeht, und dass es ihm seit seiner Entstehung **noch nie so gut gegangen ist.**

Natürlich haben in den letzten 300 Jahren der Fortschritt und die Wissenschaft unser Leben entscheidender geprägt und verändert, als in den vorhergehenden 30.000 Jahren. Diese enorme Geschwindigkeit der Veränderung bedroht sicherlich unsere innere und äußere Welt. Aber der Mensch darf nicht vergessen, dass bis vor 100 Jahren der Großteil der Menschheit in einem Zustand der extremen Armut gelebt hat.

**Wenn wir als Vergleich den heutigen Lebensstandard heranziehen, so kann man behaupten, dass es der großen Masse so gut geht, wie es ihr noch nie gegangen ist.**

Der österreichische Autor Ernst H. Gombrich beschreibt in seinem Buch „Eine kurze Weltgeschichte für kleine Leser" sehr gut, wie sich die Entwicklung unserer Lebensqualität zum Besseren verändert hat.

Er bezeichnet die heutige Zeit als **„Das Goldene Zeitalter",** von dem die Menschen geträumt haben. Er beschreibt die Verhältnisse seiner Jugendjahre in Berlin um 1920, wo man von der großen Masse der „armen Leute" sprach, die nicht nur die Notleidenden, die Bettler und Obdachlosen waren, sondern auch die Arbeiter und Arbeiterinnen, welche die Mehrzahl der Stadtbewohner ausmachten.

„… Sie unterschieden sich merklich von den bürgerlichen Bewohnern der Stadt, sie waren von weitem an ihrer Kleidung zu erkennen, die Frauen hatten höchstens ein Kopftuch, um sich vor der Kälte zu schützen, und kein Arbeiter hätte je ein weißes Hemd getragen, weil es zu schnell den Schmutz zeigte. Man sprach damals von einem „arme Leut's Geruch", denn die Mehrzahl der Stadtbevölkerung wohnte in schlecht gelüfteten Wohnungen mit höchstens einer Wasserleitung im Treppenhaus. Der bürgerliche Haushalt hingegen umfasste eine Köchin, ein Stubenmädchen und oft auch ein Kinderfräulein. Zwar lebte dieses Personal dort oft besser als zu Hause, aber sie mussten akzeptieren, zum Beispiel nur einmal in der Woche „Ausgang" zu haben und von vornherein als „Dienstboten" abgestempelt zu sein.

„Gerade zur Zeit meiner Jugend", erzählt Gombrich weiter, „fing man an, sich darüber Gedanken zu machen, und nach dem Ersten Weltkrieg nannte das Gesetz sie schon ‚Hausgehilfinnen'. Aber noch als ich als Student nach Berlin kam, stand dort am Straßeneingang der Häuser oft ‚Aufgang nur für Herrschaften‘, was mir damals schon peinlich war. Dienstleute und Lieferanten mussten die Hintertreppe benutzen und durften auch dann nicht im Aufzug fahren, wenn sie schwer zu tragen hatten. Das ist ja doch nun vorüber wie ein schlechter Traum."

Dann schreibt Gombrich weiter: „Gewiss gibt es leider noch immer Elend und Elendsquartiere in den Städten von Europa und Amerika, aber die meisten Fabrikarbeiter, ja sogar die meisten Arbeitslosen leben **heute besser, als manche Ritter im Mittelalter auf ihren Burgen gelebt haben mögen.**"

Wir, und darunter verstehe ich die Mehrheit der Bewohner der Industrieländer, wir leben also heute besser als die Adeligen, die Noblen, die Herrscher, die Könige der Vergangenheit. Wir sind die Privilegierten der menschlichen Entwicklung, das heißt, wir haben gegenüber unseren Vorahnen einen Lebensstil und eine Lebensqualität erreicht, die als beste und vorteilhafteste seit Menschengedenken bezeichnet werden kann.

Diese Privilegien werden vielleicht von vielen als Selbstverständlichkeit betrachtet und daher gar nicht mehr als solche geschätzt. Darum erlaube ich mir, sie auf den folgenden Seiten kurz aufzulisten.

# 6

# Die Privilegien der heutigen Zeit

### Das Privileg der Langlebigkeit

Das Durchschnittsalter von 78 Jahren, das wir Menschen heute erreichen, ist das längste seit Menschengedenken. Ich möchte daran erinnern, dass zur Zeit der Ägypter das Durchschnittsalter bei 28 Jahren lag, im Mittelalter in Europa bei 45 Jahren und noch 1930, also vor weniger als hundert Jahren, erreichte der Mensch durchschnittlich ein Alter von 57 Jahren. **Wir dürfen also fast drei Mal so lange leben als sämtliche Pharaonen.**

### Das Privileg der medizinischen Versorgung

Wir sollten uns bewusst sein, dass wir Menschen **heute die beste medizinische Versorgung seit jeher haben.** Denken wir nur zurück, was unsere Vorfahren oft mitmachen mussten: bis 1800 starb jedes dritte Kind an einer Kinderkrankheit, jede fünfte Mutter an oder nach einer Schwangerschaft, noch 1890 war eine Blinddarmentzündung ein sicheres Todesurteil, die Tuberkulose wurde im Jahre 1930 noch „Il male oscuro", die „unbekannte" Seuche, genannt. Seuchen und Krankheiten wie Pest, Pocken, Lepra, Diphtherie, Tetanus, Masern, Syphilis, Kinderlähmung und viele andere, die ganze Völker dezimiert haben, sind heute nur noch eine Ausnahmeerscheinung.

Einen großen Durchbruch erlebte die Medizin durch die Erfindung von Schmerztherapien und Anästhesien. Was unsere Ahnen an körperlichen Leiden ertragen mussten, weil es keine richtigen Schmerzmittel gab, ist unvorstellbar. Im Mittelalter wurden Operationen vollkommen ohne Narkose durchgeführt. Noch im Ersten Weltkrieg galt Alkohol oft als einziges Betäubungsmittel für eine Beinamputation. Jeder Schmerz, den wir heute mit einer kleinen Pille lindern, wurde unter großen Qualen ertragen.

### Das Privileg der Schönheit

Menschen der Vergangenheit waren im Durchschnitt kleiner und im Vergleich zum heutigen Standard eher hässlich. „Schöne" Leute waren eine Ausnahme. **Heute gibt es keine wirklich hässlichen Menschen mehr.** Wir werden größer und bildschöne Kinder und Erwachsene sind immer häufiger.

### Das Privileg der Ernährung

Seit seiner Entstehung musste der Mensch um sein tägliches Brot kämpfen. Die Geschichte beschreibt die zahlreichen Hungersnöte und die schlechte und unzureichende Ernährung. Vergessen wir nicht, dass bis vor kurzem Salz und Zucker zu den wertvollsten Zutaten am Lebensmittelmarkt gehörten und dass noch 1930 in Indien ein ganzes Volk rebellierte, weil man ihm das Salz verweigerte.

Abgesehen von katastrophalen Verhältnissen in einigen Entwicklungsländern, ist **„Hungern" für uns ein Fremdwort.** Uns stehen nicht nur das lebensnotwendige Essen, sondern auch alle nur erdenklichen Köstlichkeiten zur Verfügung. Wir bekommen in jedem Lebensmittelgeschäft gegen Geld alles nach Wunsch, von den exotischen Früchten bis zu den leckersten Süßigkeiten. Auch wenn Nahrungsmittel einiges an ihren Werten durch Genmanipulation, Düngemittel, chemische Zusätze und durch intensive Kulturen einbüßen, stirbt heute in der westlichen Welt niemand mehr an Vitaminmangel, wie es noch vor 100 Jahren der Fall war.

### Das Privileg der Sauberkeit

Wir sollten uns bewusst sein, dass wir heute **zu den saubersten und gepflegtesten Menschen der Geschichte zählen.** Vor einigen Generationen liefen die Menschen noch mit einem Körpergeruch herum, den man heute als äußerst unangenehm empfinden würde. Sie konnten sich noch nicht mit allerlei Düften und Parfums besprühen, an denen wir uns heute erfreuen. Seife war im 19. Jahrhundert noch eine äußerst wertvolle Ware und war nicht jedem zugänglich. Dasselbe gilt für das fließende Wasser.
Dies sollte uns jedes Mal bewusst sein, wenn wir mit einer Handumdrehung warmes Wasser haben und uns unter einer wohltuenden Dusche entspannen dürfen. **Dieses selbstverständliche Privileg der heutigen Zeit war ein unerreichbarer Traum bis zu den Anfängen der modernen Zeit.**

### Das Privileg der Natur

Die Natur mit den wilden Tieren, den verschiedenen Jahreszeiten, den Wetterschwankungen, den undurchdringlichen Wäldern und Sümpfen, den reißenden Flüssen und den unbezwingbaren Bergen,war für den Menschen lange ein Feind, den es zu bekämpfen und zu bezwingen galt. Jahrtausendelang war es ein ungleicher Kampf, vergleichbar mit jenem zwischen dem Riesen Goliath und dem winzigen David, der vielen Menschen zum Verhängnis wurde.

Heute haben wir zur Natur ein ganz anderes Verhältnis: sozusagen **vom Feind zum Freund.** Nachdem wir mit Hilfe der Technik und der Wissenschaft unsere kleine Erde so ziemlich unter Kontrolle bekommen haben, sind wir uns zum ersten Mal bewusst, dass die Natur, die Landschaft, die Jahreszeiten ein Wunder der Schöpfung sind und dass wir diesen Schatz für die Nachwelt respektieren und erhalten müssen.

Wir können jetzt beim Anblick einer Palmeninsel, einer Bergspitze oder eines Sonnenunterganges sagen: „Oh, wie herrlich ist das alles!" Wir können die Schönheit der Wälder genießen, die von unseren Vorfahren als gefährlich und undurchdringlich angesehen wurden.
**Das Wandern, Klettern, Tauchen und Segeln sind Privilegien der modernen Zeit. Vergessen wir das nicht!**

## Das Privileg des Sportes

Schon die alten Griechen und Römer haben Sport betrieben. Der Sport, so wie er aber heute als allgemeine Körperkultur, als wettkämpferischer Vergleich, als persönliche Leistung praktiziert wird, ist ein **Ergebnis der letzten hundert Jahre.** Es ist eine Errungenschaft der heutigen Zeit, dass man am Ende eines intensiven Arbeitstages noch die Möglichkeit hat, dem individuellen Bewegungsdrang nachzugehen und mit Joggingschuhen durch den Stadtpark zu laufen. Hätte man dies einem Knecht im Mittelalters erzählt, so hätte er uns für wahnsinnig gehalten. **Massensport und Körperbewusstsein sind ein Privileg der heutigen Zeiten.**

Sport erweckt auch das Spielerische in uns. Mannschaftsspiele fördern die Freundschaft, das Zusammensein, die Solidarität. Länder, die sich noch bis vor kurzem einander im Krieg gegenüberstanden, treffen sich heute mit fairen Regeln auf einem Sportfeld. Ganze Kontinente leben auf, wenn es um Fußball oder andere Sportarten geht. Auch dies ist ein Zeichen des Fortschritts.

## Das Privileg der Entdeckung der Ferne

Noch vor hundert Jahren war eine Reise nach Indien eine Weltreise. Schon allein der Anblick großer Schiffe, die im Hafen einliefen und nach ein paar Tagen wieder in die weite Welt hinausfuhren, war ein Abenteuer.

Gleich spannend waren die Geschichten jener, die das große Glück hatten, von solchen Abenteuern und endlosen Reisen wieder zurückzukommen. **Heute ist diese unbekannte Welt jedem offen.** In nur wenigen Stunden können wir bequem unseren Heimatort verlassen und die andere Seite der Erdkugel erreichen. Wir können unser Wissen erweitern, fremde Kulturen entdecken, andere Landschaften besichtigen und neue Menschen kennen lernen. Dies fördert unsere Weltanschauung und unsere Solidarität mit allen Menschen, unabhängig von Rasse und Sprache.

## Das Privileg der Kinderliebe

In der Geschichte der Menschheit sind Kinder bis vor wenigen Jahren immer nur als Produkt der Fortpflanzung gesehen worden. In einigen Kulturen werden Kinder immer noch als billige Arbeitskraft und als Altersversorgung für die Eltern gezeugt.

Der Fortschritt hat auch zu vielen positiven Veränderungen im Familienleben geführt. Bis vor wenigen Jahren wurden die Eltern von den Kindern noch mit „Sie" angesprochen und die Erziehung der Kinder wurde in den gutbürgerlichen Familien dem eigenen Dienstpersonal überlassen. Erst in den letzten 100 Jahren haben sich die Begriffe Kinderschutz, Kinderrechte und Kinderliebe in unserer Kultur durchgesetzt. **Die Kinder von heute bekommen die größte Aufmerksamkeit und die meiste Zuneigung**

**seit Menschengedenken.** Es ist ein positives Zeichen unserer Zeit, dass die Rolle der Eltern so ernst genommen wird und dass die Rechte der Kinder auf Schutz, Liebe und Erziehung gewährleistet werden. Die Liebe und die Zuneigung, die wir als Eltern unseren Kindern geben können, ist ein Privileg unserer Zeit des Wohlstands, der Freiheit und des Friedens.

## Das Privileg der Bildung

Auch wenn das Privileg der Schulbildung noch nicht für alle Kinder der Welt, besonders nicht für Mädchen gilt, so können wir dennoch behaupten, dass es in der Geschichte **noch nie eine so weit verbreitete Schulbildung für alle gesellschaftlichen Klassen gegeben hat.**

Statistiken aus Ländern der Dritten Welt bestätigen, dass durchschnittlich auf der Welt noch nie so viele Kinder in die Schule gegangen sind wie heute. Die Analphabeten unter den Menschen werden glücklicherweise immer weniger und die Menschheit öffnet sich immer mehr dem Wissen und der Kultur.

## Das Privileg der Demokratie

Politik, Macht und Herrschaft haben schon immer etwas Abschreckendes an sich gehabt, auch wenn ein gesellschaftliches Zusammenleben nur unter einer gewissen Staatsform mit Gesetzen und Disziplin möglich ist. Wenn man nun die verschiedenen Regierungssysteme der Vergangenheit mit ihren Herrschern, Königen, Tyrannen und Diktatoren analysiert, so kann man behaupten, dass die heutige Demokratie, bis jetzt zumindest, immer noch die beste Regierungsform ist.

Es hat geschichtlich noch nie eine Zeit gegeben, in der das Regieren so volksnah gestaltet war, wie zur heutigen Zeit.

Unabhängig von der freien Wahl, bei der mittlerweile jeder stimmberechtigt ist, ist es jedem erlaubt zu argumentieren, protestieren und zu politisieren. Wann hat es dies in der Geschichte je gegeben? Wir können beruhigt sagen, dass es **noch nie eine solche allgemeine Freiheit der Diskussion und Meinungsäußerung gegeben hat;** noch vor 60 Jahren hätten wir um unser Leben bangen müssen.

Es gibt zwar noch Länder, in denen die Menschen noch nicht über dieses Privileg verfügen, doch auch die Regime in diesen Ländern geraten immer mehr unter den Druck von internationalen Gremien und Menschenrechtsorganisationen.

## Das Privileg der Ethik

Das Wort Ethik steht für Ehrlichkeit, Moral, Respekt und korrektes Verhalten seinen Mitmenschen gegenüber. Ethisches Verhalten als Grundregel des menschlichen Zusammenseins findet seit Jahren seinen Einzug in die Bereiche der Medizin, der Soziologie, der Wissenschaft und Forschung, der Rechtsprechung und der Wirtschaft.

Dies ist ein Zeichen des kulturellen und sozialen Fortschritts. Nur auf dem Weg der Loyalität und Ehrlichkeit kann der Mensch sein Leben vereinfachen und verbessern.

Dieser „Ehrenkodex des ethischen Verhaltens" wird heutzutage weltweit verbreitet. Große Firmen übermitteln ihren Angestellten durch verschiedene Trainingsmethoden Grundsätze der Ethik. Universitäten erteilen Vorlesungen über Ethik, und ethische Grundsätze werden in allen Fakultäten gelehrt. Eltern erziehen ihre Kinder großteils nach den jeweiligen gesellschaftlich etablierten Regeln der Ethik.

Die positiven Eigenschaften, wie Ehrlichkeit, Entgegenkommen, Respekt und Großzügigkeit sind ein Produkt der Kultur und des fortschrittlichen und freien Menschen, der die Zeit hat, über die Werte des Lebens nachzudenken. Die Ethik im sozialen Umgang ist ein Privileg, das uns zu besseren Menschen werden lässt.

Sicher wird in der Wirtschaft, im Handel, im Bankwesen und am Finanzmarkt ohne Pardon auf beinharte Art um Vorteile und Gewinn gekämpft und es herrscht die Regel des Besseren, des Stärkeren und des Schlaueren. Zwar dominieren Rechtsanwälte und Richter das gesellschaftliche Leben, aber die Rechtsprechung ist eine Errungenschaft der Zivilisation und die vielen Gesetze und Normen bringen sicherlich **mehr Gerechtigkeit, als es das Recht des Stärkeren in alten Tagen brachte.**

Vergessen wir auch nicht, dass bis 1950 der Handel mit unterentwickelten Ländern ausschließlich eine Ausbeutung der Dritten Welt war. Es gab einerseits die Kolonialmächte und andererseits die eroberten Kolonialländer. Heute existiert auch im internationalen Handel eine gewisse Transparenz und es herrschen Abkommen zum Schutz der ärmeren Länder. „Fair trade" ist ein Begriff, der aus unserer modernen Zeit stammt. Durch fairen Handel wird versucht, den Bauern der Entwicklungsländer einen fairen Preis für ihre Produkte zu garantieren, um dem ruinösen Preiskampf der großen Weltkonzerne entgegenzuwirken und um ihre Existenz zu sichern.

### Das Privileg der Nächstenliebe

Das Wort „Nächstenliebe" ist ein alter Begriff. In früheren Zeiten gingen Mäzene und Gönner, die wirklich ihrem Nächsten halfen, durch ihre Taten und ihre Großzügigkeit in die Geschichte ein. Heute gibt es immer mehr Menschen und Organisationen, die „Nächstenliebe" zum Inhalt ihres Lebens machen.

Zuneigung und Liebe haben viel mit der eigenen Situation zu tun. Nur wenn ich habe, dann kann ich geben, dies ist ein altes Grundprinzip.

Und weil gerade das moderne Leben den meisten von uns so viel Reichtum und Überfluss gebracht hat, sind wir heute mehr denn je in der glücklichen Lage, dem Nächsten geben und helfen zu können.

Ein Beweis dafür sind die zahlreichen ehrenamtlichen Vereine, die Hilfsorganisationen und die vielen Volontäre, die überall in der Welt tätig sind. **Noch nie hat es so viele junge und auch ältere Menschen gegeben, die in der Wohltätigkeit, in sozialen Bereichen und in der Entwicklungshilfe tätig waren.**

Es mag vielleicht komisch klingen, aber diese Menschen sind die Kinder, Enkel und Urenkel jener, welche um 1900 noch durch Raubzüge und Völkermorde die Länder der Dritten Welt ausbeuteten.

Wir sind heute in der glücklichen Lage, geben und helfen zu dürfen. Dies ist wohl eines der größten Privilegien des menschlichen Daseins.

## Das Privileg der „guten" Informationen

In diesem Buch wurde mit Kritik an der Medienwelt und den Presseleuten nicht gespart. Dennoch soll darauf hingewiesen werden, dass die Journalisten die Propheten der modernen Zeit sind. Sie sind Ratgeber und mutige Berichterstatter und vermitteln zum Teil auch wichtige und positive Informationen.

Ihre andere Rolle als Miesmacher und Angstmacher ist sicherlich für sie selbst nicht leicht zu ertragen. Abgesehen von den Katastrophen- und Sensationsmeldungen, ist Information ein Grundstein unseres Fortschritts. Sie wacht über Recht und Unrecht und schweißt die Welt zusammen. Journalisten könnte man auch als „Spitzel" des Weltgeschehens bezeichnen, die dazu beitragen, die Welt zu verbessern.

Es ist ein Privileg unserer Zeit, dass Nachrichten in kürzester Zeit in der ganzen Welt verbreitet werden. Dies macht Gewaltherrschern, Diktatoren und gefährlichen Menschen das Leben schwer. **Es wird immer schwieriger, Völker zu unterdrücken und ungesetzliche Maßnahmen zu ergreifen, ohne dass die Öffentlichkeit davon erfährt.**

Um Hintergründe und Fakten aufzuspüren und so der Wahrheit näher zu kommen, begeben sich Reporter nicht selten in große Gefahr. Sie haben in den letzten 50 Jahren unendlich viel dazu beigesteuert, dass ein Großteil der Menschheit in Freiheit und Liebe leben kann.

## ■ „Gute alte Zeiten"

Träumer, die der „guten alten Zeit" nachweinen, gab es immer schon. Menschen lebten und leben einfach oft gerne in der Vergangenheit. Dichter, Schriftsteller und Künstler verherrlichen in ihren Werken sehr oft die „gute alte Zeit" und erwecken dadurch ein Gefühl der Sehnsucht.

Unter „Vergangenheit" versteht man die Jahre der Jugend, der Energie, der Träume, der Unschuld und der Illusionen. In der Erinnerung an die Vergangenheit schwindet sogar mancher Schmerz und manches Leid dahin. Das menschliche Unterbewusstsein verfügt über die wunderbare Eigenschaft, auch die schlimmsten Erlebnisse der Vergangenheit wieder ins Positive zu wenden und in der Erinnerung alles zu verklären.

Dies ist der Grund unserer Sehnsucht nach der Vergangenheit und unserer Idealisierung der „guten alten Zeiten". Dies führt uns manchmal so weit, dass wir den Alltag mit allen seinen Vorteilen verachten und nur von der Vergangenheit träumen.

Diese „guten alten Zeiten" waren sicherlich schwerer, als es die heutige Zeit ist!

Geschichten und Märchen schildern oft auf so einzigartige Weise das Leben der Könige, Ritter und adeligen Herren in Schlössern und Palästen, sie erzählen vom angenehmen Leben der Prinzessinnen und von den Abenteuern der Eroberer. Doch dem Großteil der Bevölkerung kam dieser Wohlstand nicht zugute.

Die **wahre Geschichte** von den Lebensbedingungen der einfachen Leute wie Bauern, Knechte, Arbeiter und Handwerker **wurde nur selten erzählt.** Vielleicht deshalb, weil die zeitgenössischen Berichte von Leuten geschrieben wurden, die der oberen Gesellschaftsschicht angehörten, die das Schicksal der Armen nicht kannten oder es nicht als interessant genug erachteten.

In Wirklichkeit ist die Entwicklungsgeschichte der Menschheit vom ständigen Überlebenskampf, von harter Arbeit, Hunger und Not gekennzeichnet. **Vieles davon bleibt den Menschen der westlichen Welt heute erspart.**

Einige von Ihnen werden vielleicht nicht derselben Meinung sein und argumentieren, dass das Leben heute noch viel schlimmer geworden ist, dass es an Morden und anderen Gräueltaten nicht fehlt, dass brutale Terrorangriffe gegen Unschuldige unsere Zeit prägen, dass Hass und religiöser Fanatismus sich immer mehr verbreiten, dass die Welt stillschweigend dem endlosen Krieg zwischen Israel und Palästina zuschaut, genauso wie sie es im Tibet und in Ruanda getan hat und wie sie es in anderen Ländern immer noch tut, und dass man darum nicht behaupten kann, dass die Menschheit sich gebessert hat.

Diese Behauptung ist aber schlichtweg falsch, denn die Menschheit hat sich gebessert! Zweifelsohne wird die Gegenwart immer noch von vielen dunklen Ereignissen überschattet, welche sämtliche Aussagen über eine positive Entwicklung der Menschheit entkräften könnten. Die Ereignisse des 11. September und deren Folgen haben uns um Jahrzehnte auf dem „Weg in eine bessere Zukunft" zurückgeworfen und neue Fronten geschaffen. Trotzdem befinden wir uns immer noch auf demselben nach oben führenden Pfad, denn der Großteil der Weltbevölkerung, gleich ob weiß oder schwarz, Protestant oder Katholik, Jude oder Moslem, Hindu oder Buddhist, hat dieselben Wünsche und Träume von einem besseren und positiven Leben.

**Die Menschheit bekommt langsam ein „globales Gewissen"** und die verschiedenen Staatengemeinschaften zeigen sich immer mehr mitverantwortlich für das Weltgeschehen mit seinen Konflikten. Der Einfluss und der internationale Druck von Organisationen wie der UNO und der NATO sind in Krisengebieten von ausschlaggebender Bedeutung und ihre Blauhelme tragen dazu bei, den Frieden in der Welt zu sichern. Das hat es in den „guten alten Zeiten" noch nicht gegeben.

Die vielen schrecklichen Taten auf der ganzen Welt, die wir leider täglich über Fernsehen und Zeitungen in unser Haus zum Abendessen serviert bekommen, sind grausam und schockieren uns mehr denn je. **Sie sind aber nur ein Bruchteil im Vergleich zu dem, was es früher in der Geschichte der Menschheit an Grausamkeiten und Brutalität gab.**

Der Mensch mordet weniger als früher, denken wir nur zurück an die

Zeit des Mittelalters. Damals waren Mord und Plünderungen alltäglich. Das Gesetz des Stärkeren war das einzig geltende Recht, Strafen waren grausam und brutal. Folterungen und Hinrichtungen wurden öffentlich ausgetragen und gehörten fast zur Tagesordnung.

Denken wir an die Religionskriege, bei denen ein kleiner Verdacht des Unglaubens genügte, um ein Todesurteil über die ganze Familie zu verhängen.

Denken wir an die vielen unschuldigen Frauen, die als Hexen verbrannt und hingerichtet wurden. Selbst für banale Nackenschmerzen, den Hexenschuss, wurden diese „Hexen" zur Rechenschaft gezogen, als Täterinnen und Schuldobjekte verurteilt und auf dem Scheiterhaufen verbrannt. Die Bewohner des Dorfes konnten diesem schrecklichen Schauspiel zusehen. War das nicht grausam? Übrigens, die letzte Hexe wurde 1783 verbrannt, also vor nur knapp 240 Jahren.

Denken wir weiters an die Eroberungsfeldzüge und an die Kolonialisierung der Dritten Welt.

Wie viele Ureinwohner, Azteken, Inkas, Mayas, Indianer, Guaraní, Herero, Zulus, Mahoni, Nguni und Arborigines wurden in Nord- und Südamerika, Afrika, Asien und Australien, auf Befehl europäischer Herrscher und im Namen Gottes, ausgebeutet und dezimiert?

Und wie viele Afrikaner wurden als Sklaven deportiert und auf den Märkten wie Ware gehandelt? War das nicht grausam?

Und wie furchtbar war der Holokaust? Bedenken wir nur, wie es gewesen wäre, wenn es damals schon das Fernsehen gegeben hätte, das uns all diese Schandtaten ins Haus geliefert hätte. Es wäre schrecklich gewesen!

**Heute wird ein Mord im Nahen Osten 30-mal pro Tag in eine Milliarde Häuser über den Bildschirm gesendet, in Häuser, in denen die Menschen friedlich und weit weg von dieser Realität leben.** Dasselbe geschieht mit Terroranschlägen, Kriegsgeschehen, Naturkatastrophen, Seuchen und Verbrechen aus aller Welt. Sie werden uns täglich mehrmals zur Kenntnis gebracht.

**Und genau diese Tatsache stellt das Negative so in den Vordergrund und nimmt uns den Überblick über die vielen positiven Dinge, die uns alle mehr den je umgeben.**

Dadurch erscheint manchem die heutige Welt so furchtbar und man sehnt sich nach der „**guten alten Zeit**" und vergisst, dass die „**schlechte neue Zeit**" eigentlich die bessere ist.

# Schlusswort

> *Solange das Weltall besteht,*
> *solange Lebendiges lebt,*
> *so lange möchte auch ich bestehen,*
> *um das Elend der Welt zu vertreiben.*
>
> Tenzin Gyatso, XIV. Dalai Lama

Sie glauben jetzt sicherlich, dass der Autor dieses Buches, der die Mechanik des Denkens analysiert und gewisse Regeln bei sich selbst anwendet, ein perfekter Mensch ist, immer fröhlich, gut gelaunt und voller Begeisterung durch das Leben geht, nie einen negativen Gedanken hat und immer gesund und glücklich dahinlebt?

Das wäre zu schön, lieber Leser, leider verhält es sich nicht so. Auch ich schwanke mit meinem Gemüt auf dem Psychobarometer auf und nieder und habe meine Probleme, wie jeder andere Mensch auch.

Trotz positiven Denkens und Meditierens habe ich in meinem Leben einige schwere Zeiten gehabt, in denen ich mich zutiefst auf der Schattenseite befand und mich am Rande der Verzweiflung bewegte.

Auch heute noch gibt es Tage, an denen ich alles schwarz sehe und mich selbst als Miesmacher bezeichne. Im Wartesaal meiner Praxis hängt die Zeichnung eines Arztes mit einer riesigen Sprechblase, in welcher steht: „Leider bin ich auch nur ein Mensch!"

Dies ist der Grund, weshalb ich dieses Buch geschrieben habe – von Mensch zu Mensch.

Ich bin der gleiche Mensch wie Sie, mit den gleichen Wünschen, den gleichen Träumen, den gleichen Ängsten und den gleichen Unsicherheiten.

Ich glaube jedoch, wir Menschen müssen uns gegenseitig immer mehr helfen und uns durch Ethik und Liebe  stärker verbünden, denn nur so können wir in dieser Welt des materiellen Wohlstands und der Technik, in der das innere Wesen des Menschen immer mehr in die Ecke gedrängt wird, überleben.

Aldous Huxley, ein englischer Autor des 19. Jahrhunderts, machte einst die bedeutsame Aussage: **„Der einzig wahre Fortschritt der Menschheit ist der Fortschritt in der Nächstenliebe."** Diese Nächstenliebe geht uns verloren, wenn wir alleine, eingeschlossen in unserem Auto im Stau stehen, wenn wir Tag und Nacht alleine unseren Flimmerkasten anglotzen, wenn wir in der Einsamkeit unserer schönen und luxuriösen Wohnung am Internet hängen oder wenn wir alleine eine Tageszeitung durchblättern und uns fragen, was diese Welt, die oft so schrecklich aussieht, uns überhaupt bedeutet.

Ist dies denn unsere Welt, die wirklich existiert, oder ist es nur der Schatten einer Welt, der uns täglich mit einem Fluss von Informationen überflutet und uns in Bedrängnis bringt?

Vielleicht haben wir durch die moderne Art des Denkens die Übersicht verloren, die Übersicht nämlich über uns, die „Spezies Mensch", die in ihrer Entwicklung vor allem das Gute und Positive gesucht hat und nur in dieser Suche ihr Weiterleben gefunden hat.

Dieses Positive ist immer noch da! Es ist nicht weniger geworden, nein, ganz im Gegenteil, es nimmt ständig zu! **Nur es zu finden wird täglich schwerer!**

Ich habe dieses Buch geschrieben, damit wir uns alle auf den Weg zum Positiven machen, damit wir uns Mut machen statt mies machen, damit wir uns wieder finden, auf der Suche nach dem Menschen in uns, dem guten und positiven Menschen, der aus seinem halb vollen Glas anderen zu trinken gibt, damit es allen besser geht.

Der Zweck dieses Buches ist für mich dann erreicht,
– wenn Sie, liebe Leser, von Ihren nächsten 8999 Bildern, die Sie heute noch malen werden, wenigstens ein Bild bewusst positiv malen,
– wenn Sie aus einer schmerzhaften Erinnerung etwas Gutes herausfinden können,
– wenn Sie Ihrem Nachbar bewusst eine positive Nachricht übermitteln,
– wenn Sie, liebe Redakteure, eine Schreckensnachricht weniger bringen,
– wenn Sie, liebe Eltern, den Fernsehapparat ausschalten und stattdessen Ihren Kindern ein Bilderbuch mehr vorlesen.

Globalisierung, Frieden und das Gleichgewicht in der Welt sind bedeutende Themen unserer Zeit. Sie können nur dann bestehen und umgesetzt werden, wenn in jedem einzelnen Menschen Friede und Gleichgewicht einkehren.

Friede und Harmonie, von der Welt so dringend gebraucht, können aber weder von Entscheidungen der Machthaber abhängen, noch von den Straßendemonstranten, die gegen die Globalisierung protestierend Schaufenster und Auslagen einschlagen.

**Das Gleichgewicht, das die Welt braucht, muss zuerst im Leben jedes Einzelnen gefunden werden, damit jeder seinen Beitrag zum wahren Fortschritt und zur wahren Nächstenliebe leisten kann.**

Die „**Globalisierung des Positiven**" ist die einzige Kraft, die das Leben verbessert und das Überleben der Menschheit garantiert. Und sie wird es eines Tages sicher geben.

Der Anfang dazu sind die kleinen Bilder, die 8999 positiven kleinen Bilder, die wir alle von jetzt an malen werden.

*„… and in the end*
*the love you take*
*is equal to the love you make…"*

„… denn am Ende entspricht
die Liebe, die Du bekommst
der Liebe, die Du gibst…"

*John Lennon & Paul Mc Cartney*

# Die 12 Grundregeln des menschlichen Denkens

**1. Regel:** Das Denken funktioniert in Bildern.

**2. Regel:** Ich kann immer nur ein Bild nach dem anderen wahrnehmen.

**3. Regel:** Das Denken reagiert nicht auf negative Befehle.

**4. Regel:** Der Mensch speichert alle erlebten und empfundenen Bilder, von der Geburt angefangen bis zum Tod. Durchschnittlich sind es 9000 Bilder pro Tag, viele Millionen innerhalb eines Lebens.

**5. Regel:** Die Bilder werden im Unterbewusstsein gespeichert. Sie sind nicht mehr beeinflussbar, das heißt, wir können sie nicht mehr ändern. Was gedacht worden ist, bleibt gespeichert. Was passiert ist, ist passiert!

**6. Regel:** Jedes neue Bild verdrängt das alte. Je mehr neue Bilder nachfolgen, umso tiefer versinken die alten im Speichertopf des Unterbewusstseins. Je tiefer die alten Bilder absinken, umso schwerer ist es, sich an sie zu erinnern.

**7. Regel:** Wenn wir uns an etwas erinnern, holen wir alte Bilder wieder hervor und speichern sie von neuem. Dadurch werden Erinnerungen verstärkt.

**8. Regel:** Auch wenn wir mit der Zeit vieles vergessen, bleibt im Unterbewusstsein alles gespeichert. Die Summe der gespeicherten Bilder bestimmt unser Unterbewusstsein, unseren inneren Zustand.

**9. Regel:** Das Unterbewusstsein ist stärker als unser Bewusstsein; es steuert unsere Psyche und unseren Körper.

**10. Regel:** Jedes gedachte Bild beeinflusst auf positive oder negative Art unser mentales Gleichgewicht. Ein negatives Denken erzeugt mit der Zeit ein negatives Unterbewusstsein, ein negatives Unterbewusstsein erzeugt einen unglücklichen und kranken Menschen. Ein positives Denken erzeugt mit der Zeit ein positives Unterbewusstsein, ein positives Unterbewusstsein erzeugt einen glücklichen und gesunden Menschen.

**11. Regel:** Das Unterbewusstsein unterscheidet nicht zwischen Realität oder Imagination. Die Gedanken haben immer den gleichen Wert, ob sie der Realität entsprechen oder nur eine mentale Vorstellung sind.

**12. Regel:** Jeder Gedanke, den wir für 21–30 Tage auf die gleiche Art visualisieren, wird als automatischer Reflex in unser Unterbewusstsein eingebaut.

Haben Sie noch Fragen?
Weitere Informationen zu Seminaren,
Meditationskursen, Mentaltechniken
und Beratung zu individuellen
Problemen erhalten Sie unter
www.mindstudio-m.com

Das Autorenhonorar geht an den Verein
„Südtiroler Ärzte für die Dritte Welt"
www.world-doctors.org